René Weller / Max Herfert
Boxen mit René Weller

René Weller /
Max Herfert

Boxen mit René Weller

In drei Runden zum Sieg

Einbandgestaltung: Luis Dos Santos

Titelbild: Andreas Lobe
Rückseitenbild: Andreas Lobe

Bildnachweis:
Engler, Jürgen (Berlin): S. 25
Herfert, Max (Reutlingen): S. 17, 18, 20, 22, 26, 55, 56, 64, 65
Lobe, Andreas (Reutlingen): S. 12, 27, 36, 37–40, 41, 42, 43, 48, 53, 60, 61, 73, 74, 88, 90, 92, 102, 114–117, 120–122, 124–127, 129–131, 135–137
Pieth, Frank (Reutlingen): S. 46
Sven Simon (Essen): S. 45
PAFFEN-Sport (Köln): S. 78, 81, 82, 104, 105
Wende, Bernd (Berlin): S. 32

Für Rocky

ISBN 3-613-50435-9

Copyright © by Pietsch Verlag, Postfach 103743, 70032 Stuttgart
Ein Unternehmen der Paul Pietsch Verlage GmbH + Co
1. Auflage 2003

Lektor: Oliver Schwarz
Druck: Schwabenverlag Ruit, Ostfildern
Bindung: Real, Lachenmaier GmbH & Co., Reutlingen
Printed in Germany

Inhaltsverzeichnis

Runde 3: Das Wettkampfboxen

Vorbemerkung

»Boxen!« So lautet meine übliche Antwort auf die mir gelegentlich gestellte Frage, welche der Tätigkeiten, die meinen unterschiedlichen Interessen entspringen, für mich am wichtigsten wäre. 20.000 Schläge an den Schädel, 15 Risse im Trommelfell, ein mehrfach gebrochenes Nasenbein, ein gebrochenes Jochbein, gebrochene Rippen, gerissene Netzhaut, diverse Cuts an den Brauen – was aber, bitte schön, ist daran so schön? Ich kann sicher keine analytisch fundierte Antwort geben, sondern nur hoffen, dass wenigstens ansatzweise meine Liebe zum Boxen durch nachfolgende Erläuterungen verständlich wird.

Der aus der Stammesentwicklung des Menschen resultierende Wunsch, sich mit anderen zu messen, Rivalitätskämpfe auszutragen, dürfte sich auch beim modernen Menschen erhalten haben – bei mir ganz bestimmt. Nun möchte ich keine Mitmenschen in meine Wettkämpfe einbeziehen, die sich weder mit mir messen wollen noch an irgend einer Wettkampfsituation Interesse haben. Doch ich erlaube mir darauf hinzuweisen, dass Momente, in denen uns Wettkämpfe aufgezwungen werden, leider recht häufig und nicht selten lästig sind. Sie ergeben sich im Straßenverkehr, am Arbeitsplatz, in der Familie, nahezu überall, verursacht von Leuten, die sich oft ihres Tuns und ihrer Anlagen nicht bewusst sind ...

Der intensive Wunsch, in einen echten Wettkampf zu treten, verbindet sich bei mir mit dem Verlangen, die Auseinandersetzung sehr direkt und körperlich stattfinden zu lassen. Diese Wünsche sind beim Boxen bestens erfüllt. Der Box-Kampf schafft eine Nähe, in der ich meinen Gegner spüre, seinen Schweiß abstreife, sein Keuchen höre oder sein Blut auf meinen Handschuhen verschmiere; eine Nähe ohne den Umweg abstrakter Größen wie Zeit oder Entfernung. Die räumliche Distanz fehlt, die lediglich erlaubt, im Zorn die Tennisschläger zu zertrümmern. Ich spüre direkt und sehr nah die Auswirkungen unseres Kampfes, die Auswirkungen meines Tuns – eben auch am Gegner. Ich kann mich keiner Verantwortung entziehen. Somit steht dieser Sport in Gegensatz zu einem Leben aus »zweiter Hand«, in dem echtes Erleben durch virtuelle Computer-Simulation oder Phantasien auf Zelluloid ersetzt

*wird. Steigert die Auseinandersetzung mit dem Bildschirm ge-
wöhnlich das Unbehagen, erreicht der direkte körperliche Wettkampf eine Befriedigung, die nur nachvollziehen kann, wer sich dieser Situation schon einmal ausgesetzt hat. Es ist ein Gefühl, als
hätte man einen unendlich schweren Ballast von den Schultern
genommen bekommen, ein Gefühl, das frei macht nicht nur im
Umgang mit dem Menschen, dessen Fäuste noch vor wenigen
Momenten meine Lippen zum Platzen brachten. Jetzt ist alles
weg – kein Hindernis steht zwischen uns –, es bleibt ein Gefühl
von tiefer Freundschaft und Zusammengehörigkeit. Sieg oder
Niederlage haben darauf keinen Einfluss. Die Anerkennung der
eigenen Niederlage ohne Rachegedanken, die Fähigkeit zu siegen,
ohne zu demütigen, verleihen dem Boxen etwas sehr Ursprüng-
liches, Gutes. Beeinträchtigt wird dieses Erlebnis nur durch un-
fähige Kampf-Richter und ein voyeuristisches Publikum, das auf
die Kämpfenden die eigenen Unfähigkeiten und Siegesgelüste
überträgt.*

*Der Vergleich drängt sich auf zu den Rivalitätskämpfen der
Tiere. Der Schwächere kann ohne Gedanken der Rache den
Schauplatz des Messens verlassen, der Stärkere verzichtet im
Gegensatz zu uns Menschen darauf, seine Stärke zur Demütigung
des Anderen zu missbrauchen.*

*Die Möglichkeit, mit einem Gegner (vielleicht wäre Partner das
richtige Wort) diesen Kampf auszutragen, schafft auch Freiheit im
übrigen Leben. Freiheit, die davon geprägt ist, dass mein Verhalten außerhalb des Ringes nicht ständig von Rivalitäts-Gelüsten beeinträchtigt ist. Ich bin überzeugt, und mannigfaltige Erfahrungen
belegen es, Boxer sind sehr friedfertige Menschen.*

Mit diesem Auszug aus seinem Buch »Die Neue Häßlichkeit – die
Geschichte einer Ausstellungsreihe« von Max Herfert (Noũs Verlag, Tübingen, 1999) zitiert sich der Autor selbst, um seine außergewöhnliche Wertschätzung diesem Sport gegenüber zum Aus-
druck zu bringen. Vor diesem Hintergrund entwickelte sich der
Wunsch, Box-Interessierten mit dieser Anleitung einen Einstieg in
den Boxsport zu bieten.

Vorwort

»Es gibt nur einen René Weller«, war die spontane, überzeugende Einschätzung des ehemaligen Deutschen Mannschafts-Meisters im Boxen und Weller-Freundes Heiko Förster aus Bremen, während eines Telefonates mit mir im letzten Jahr. Trotz einer zwischenzeitlich hohen Zahl von deutschen Box-Weltmeistern bleibt die Leistung des Pforzheimer Leichtgewichtlers tatsächlich einzigartig und gibt Heiko Recht. In einer Zeit fehlender Medienpräsenz des Faustkampfes füllte Weller trotzdem in den Siebzigern Boxarenen, wie die der Festhalle Frankfurt/Main. In einer Zeit, in der in jeder Gewichtsklasse nur ein Weltmeister thronte, wog der von Weller zweimal errungene Europa-Titel, wie heute eine der vielen WM-Kronen. Aus 53 Profikämpfen trug er 50 Siege nach Hause. Er hält den Rekord mit weit über 100 Einsätzen in der National-Staffel. In 355 Amateur-Begegnungen verließ der ehemalige jüngste deutsche Judomeister, der mit 14 Jahren zum Boxen kam, 336-mal als Sieger den Ring. 25 Jahre Deutscher Meister – knapp eine Hälfte für den Lohn der Ehre, 15 Jahre lang auch fürs Geld –, dazu 1983 WAA-Weltmeister im Superfedergewicht, nach einem Blitzsieg über den Amerikaner James Ortega[1] – es gibt wirklich nur einen René Weller.

Dagegen wirkt meine Bilanz mit knapp 50 Amateur-Kämpfen schon sehr bescheiden, auch wenn ich als Schwergewichtler viermal in Württemberg Vizemeister wurde und manchen Titelträger außerhalb der regulären Meisterschaften schlug. Allerdings begann ich auch erst im zarten Alter von 30 Jahren mit dem Boxen, wodurch mir wenig Zeit bis zum Alterslimit der Amateure (man darf bis zu dem Ende des Jahres boxen, in dem man 37 wird) blieb. So war es mir versagt, mehr Kämpfe absolvieren zu können. Dies war dann auch gut so, sonst hätte ich ja nie, von dem Wunsch nach weiterer boxerischer Aktivität getrieben, René kennen gelernt. Zu der fraglichen Zeit trainierte er den Cruisergewichts-Weltmeister Markus Bott, dem ich über drei Jahre als Sparringspartner beim Training helfen durfte. Natürlich ergab sich auch eine umfangreiche Anzahl von Sparringskämpfen mit René selbst, mit dem Deutschen Schwergewichtsmeister der Profis, Bernd Friedrich, und anderen »Weller-Boxern«.

▌ *Abb. 1: Reutlingen, den 22. Mai 1995: René Weller, Bernd Friedrich, Max Herfert und André Schnisa (v.l.) nach einem öffentlichen Sparringskampf der Schwergewichtler.*

Als diese Trainingsmöglichkeiten verloren gingen, richtete ich in Reutlingen, in einer chemaligen Fabrik, einen Boxraum ein, in dem ein großer Ring und diverse Geräte installiert wurden, und der kostenlos jedem Boxinteressierten zur Verfügung stand. In den mehr als vier Jahren der Nutzung absolvierte ich über 1000 Sparringsrunden pro Jahr und konnte manchen Neugierigen für den Boxsport begeistern und unterrichten. Seit Januar 2002 läuft das Trainingsprogramm in einer anderen bis dahin unge-nutzten Fabrik weiter, sogar mit der finanziellen Unterstützung des Innenministeriums des Bundeslandes Baden-Württemberg, das die sozialisierende und integrierende Wirkung des Boxsports, gerade für Jugendliche aus Randgruppen, anerkannt hat. Davon unabhängig trainiere ich noch immer auch im Verein (VfL Pfullingen).

Mit René, der im gleichen Jahr wie ich geboren wurde, verbindet mich eine intensive Freundschaft, die sich während der Zeit seiner Haft noch verstärkte. Als ich ihm in einem der fast hundert Briefe unserer Korrespondenz die Frage stellte, ob er Lust hätte, mit mir zusammen ein Boxtrainingsbuch zu schreiben, war seine Begeisterung und die Bereitschaft zur Mitarbeit spontan geweckt.

Max Herfert,
Reutlingen im Mai 2003

Einleitung

Wie im weiteren Text erkennbar sein wird, stellt sich das Boxen viel komplexer dar, als man vordergründig im ersten Moment vielleicht ahnen möchte. Das Thema ist so vielschichtig und erfordert daher ganz unterschiedliche Sichtweisen, dass es gewiss nicht einfach wird, den Stoff in einem Lehrbuch unterzubringen. So werden die Wünsche und Ansprüche an das Buch verschieden sein, ob man nun als Anfänger oder Fortgeschrittener, ob man als Amateur oder als Profi, ob man als Linkshänder oder – immer häufiger – als Frau Tipps und Anregungen daraus entnehmen möchte. Auch wird man einem Federgewichtler andere Ratschläge geben müssen, als beispielsweise einem Schwergewichtler. Trotz unserem Bemühen, auf möglichst viele individuelle Fragen einzugehen, werden wir bestimmt manche leider offen lassen müssen, im Bestreben, zuerst das Wichtigste zu beantworten.

Das Buch ist zunächst als Anleitung für Trainer und solche Boxer gedacht, die über das normale Training hinaus, für sich selbst, ergänzende Übungen absolvieren möchten. Obwohl jede Gliederung eines solch durchwachsenen Themas künstliche Einschnitte vollzieht, haben wir uns entschlossen, dem Leistungsstand der Trainierenden entsprechend drei Kapitel anzubieten: »Die Grundlagen« für den Boxanfänger, »Boxen für Fortgeschrittene« mit ergänzenden Informationen und »Das Wettkampfboxen«, als letzten Abschnitt. Motiviert durch ein bisher doch recht geringes Angebot solcher Lektüre, hoffen wir, mit diesem Trainingsbuch – immer als Ergänzung zu dem bereits vorhandenen Wissen vieler Trainer gedacht –, eine Hilfe zur Maximierung der Leistungsfähigkeit und Boxfertigkeit vieler Athleten bieten zu können.

Die Erfahrungen mit einer großen Zahl von Boxvereinen, überwiegend im süddeutschen Raum, und mit den dort praktizierten Trainingsmethoden, bewegen uns, für mehr individuelle Betrachtungsweise der Trainer gegenüber ihren Schützlingen zu werben. Ein gedrungener, schlagstarker Boxer z. B. benötigt eine andere Strategie als ein langarmiger Techniker. Zu oft werden die individuell vorhandenen Unterschiede zu wenig in der Wahl der Taktik berücksichtigt. Das gilt auch hinsichtlich der Konstitution des Gegners und seiner zu erwartenden Stärken oder Schwächen.

Auch hier soll der Text eine Hilfe sein. Er soll aber vor allem zur Weiterarbeit und Ideensuche der Trainer anregen, da im Buch alles zu beschreiben, einfach zu langweilig für den Leser wäre und das Interesse daran verleidet würde. So verzichten wir bewusst auf eine riesige Zahl vorgestellter Schlag-Kombinationen; lieber wählen wir ein paar aus, die besonders wirkungsvoll und ergiebig sein könnten. Den Trainern sind gewiss noch viele weitere bekannt, die einzustudieren sinnvoll wäre.

Als die Autoren jung waren und sie in der Schule Lesen und Schreiben lernten, war es üblich, Buchstabe für Buchstabe zu lernen, um dann daraus die Wörter zu bilden. Darauf möchten wir, im Gegensatz zu der in der Schule später praktizierten »Ganzheitsmethode«, zurückgreifen, wenn wir auffordern, Kombinationen in ihre Einzelschläge zu zerlegen, die anschließend bis zur Perfektion zu üben sind, um sie dann wieder Schritt für Schritt in die Kombinationen zu integrieren. Auch dies wird, neben der Hervorhebung der Wichtigkeit von Meidbewegungen und guter Beinarbeit sicher einen repräsentativen Platz in diesem Buch finden.

Boxtechnik für Anfänger

Mit Hand und Fuß

Gerne erinnere ich mich an das Erlernen des Schlagzeugspielens in jungen Jahren. Da beim Trommeln **die linke Hand** so wichtig wie die rechte ist, stand am Anfang der damals benutzten Schule, man solle doch als Rechtshänder nach und nach alle, zum Teil »in Gedanken« erledigten Tätigkeiten (Tür öffnen, Licht einschalten, Tasse halten, u. a.) zukünftig bewusst mit der linken Hand ausführen, um sie aus ihrem »Dornröschenschlaf« zu erwecken. Diese Idee können sich auch Boxanfänger zu eigen machen, da natürlich bei diesem Sport beide Hände absolut gleich wichtig sind. Wir möchten sogar noch weiter gehen und fordern, dass Sie von Anfang an für die linke Hand ein Mehrfaches an Trainingszeit investieren, da sie der »Schwerarbeiter« unter den beiden Händen ist. Viele werden sich an mehrere Siege von Dariusz Michalczewski erinnern, die durch Treffer mit der Linken zustande kamen, obwohl er Rechtshänder ist. Also bitte, ab sofort auch die linke Hand fördern und vor allem im Training darauf achten, dass die für diese Hand notwendigen Übungen nicht zu gering ausfallen. Umgekehrt gilt das Gleiche für Linkshänder, die ab sofort ihre rechte Hand mehr beanspruchen sollten. Für die Linkshänder, auf die wir nicht in jedem Detail eingehen können, gilt im Prinzip alles gleichermaßen, wenn sie sich das Dargestellte spiegelbildlich vorstellen.

Der Rechtshänder benutzt seine linke Hand als »Führhand«, die rechte als »Schlaghand«. Dass dies nur eine vereinfachte Einteilung ist, zeigt das vorher genannte Beispiel.

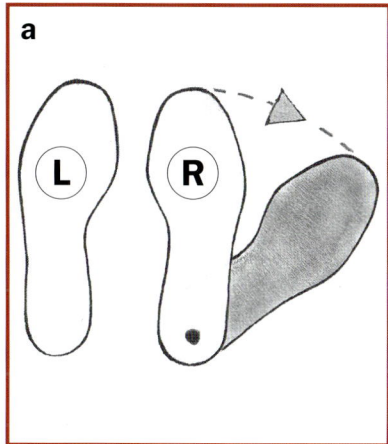
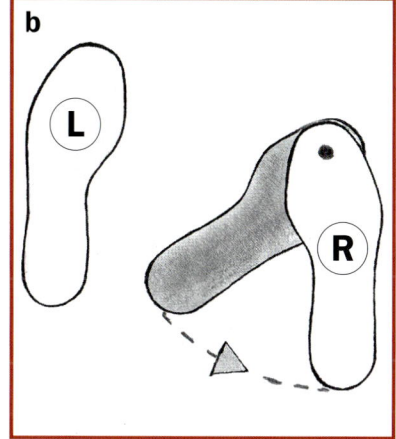

■ *Abb. 2: Schrittfolge zur Einnahme der richtigen Grundstellung.*

Bevor beide Hände weiter erörtert werden, noch ein paar Worte zu der **Fußstellung**. Grob lässt sich für den Rechtshänder sagen, er soll nach dem Zusammenstellen beider Füße (siehe Abb. 2) auf der rechten Ferse als Drehpunkt die Fußspitze nach außen drehen, um dann auf dem Ballen die Ferse in die ent-

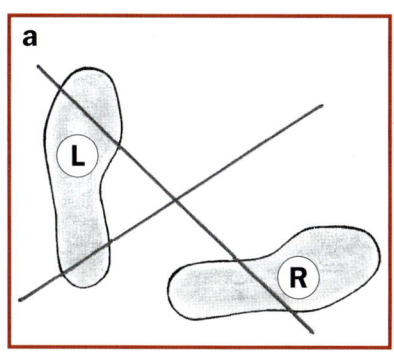

gegengesetzte Richtung zu drehen. Den Abstand, den die Füße in dieser »Grundstellung« einnehmen, sollte der Boxer möglichst beibehalten. Allerdings ist es genauso wichtig, dass man auch sicher steht, also nicht nur millimetergenau einer theoretischen Vorgabe entspricht. Was sicher vermieden

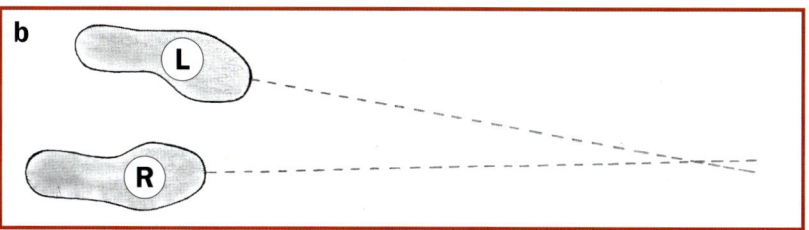

■ *Abb. 3: Falsche (a) und korrekte (b) Fußstellung.*

werden sollte, ist das zu starke »Querstellen« des rechten Fußes, wie es viele machen, die zuvor asiatische Kampfsportarten trainiert haben. Im Gegensatz dazu sollten die Füße parallel stehen, vielleicht sogar so, dass diese sich in weiter Ferne kreuzen würden, wenn man sich eine Linie von den Fußspitzen ausgehend vorstellt. Die Begründung folgt später. Wenn die Füße richtig stehen, kann man die Knie ein ganz wenig einknicken, damit von den Beinen nicht nur ein sicherer Stand, sondern auch ein »federndes Gefühl« und das einer schnellen Bewegungsfähigkeit ausgeht.

Zurück zur **Haltung der Hände:** Entsprechend dem etwas vorgestellten linken Fuß, hält man ebenso die linke Führhand gering vor der rechten. Dazu ist auch die linke Schulter etwas nach vorne gerichtet. Jede Hand hat immer wenigstens zwei Funktionen. Zum einen soll sie geschlagen werden und nach Möglichkeit treffen, zum anderen soll sie die Deckungsarbeit gegenüber Schlägen des anderen Boxers gewährleisten. Mit der Führhand prüfe ich durch das Schlagen von »Geraden« und »Jabs« den Gegner auf sein Reaktionsverhalten, bereite Kombinationen für die rechte Schlaghand vor, versuche auch zu irritieren oder schlage mit kampfentscheidender Härte, dann meist als Abschluss von Kombinationen beider Hände.

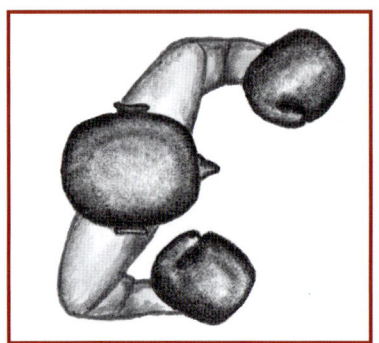

▮ *Abb. 4: Die richtige Haltung der Hände zur Deckung.*

Sollte jemand über ein Video mit Kämpfen von Larry Holmes verfügen, kann er mustergültige Jabs anschauen, die so geschlagen werden, dass der Bewegungsablauf des linken Armes an das Öffnen eines Taschenmessers erinnert. Der Jab ist deutlich mehr aus dem Ellenbogen als aus der Schulter geschlagen, häufig mit herunterhängender linker Deckungshand und daher eher ein Schlag von Profiboxern, die sich durch entsprechende Reaktionsschnelligkeit solche »Deckungslücken« erlauben können.

Der Boxanfänger sollte stattdessen zunächst mit seiner Führhand die linke Gerade schlagen. Beim Ausstrecken des linken Armes muss vermieden werden, dass der Ellenbogen dabei links nach außen »klappt«. Dieser bleibt dagegen möglichst weit unten (auf der Höhe zwischen Brust und Nabel), damit die Rippen gegen rechte Körperhaken länger geschützt bleiben. Die linke Faust vollführt den kürzesten Weg von der Deckung zum Ziel, ohne das »Telefonieren«, wie die Boxer zu dem verhängnisvollen Ankündigen eines Schlages sagen; ohne jeden »Umweg«, also auch ohne Ausholen oder vorheriges Fallenlassen, damit jede Vorwarnung vor dem beabsichtigten Schlag vermieden wird.

Am Ende der Schlagausführung bildet der Arm eine Gerade von der Schulter ausgehend, die ebenfalls mit vorgezogen ist, bis zum Ziel. Das Wichtigste kommt aber erst jetzt: Genauso schnell, wie die Linke vorgestoßen wurde, wird sie auf der gleichen Bahn, ebenfalls ohne jeden Umweg, zur linken Kinnhälfte zurückgezogen.

Fast jeder Anfänger begeht den Fehler, dass er nach dem Schlag die Faust »fallen lässt«. Dies muss unbedingt vermieden werden, da er sonst sofort einen Konter mit der Rechten des Gegners riskiert.

Damit sind wir auch bei der **Deckungsarbeit der Linken**. Stehe ich einem Rechtshänder gegenüber, hat die linke Hand sogar die bedeutendere Aufgabe, da sie die rechte Schlaghand des Gegners abfangen soll. Die Faust mit Handschuh halte ich daher etwa in der Höhe der linken Wange, damit in jedem Fall die Kinnkante »gedeckt« ist. Der Abstand zum Kopf beträgt ungefähr eine halbe Handschuhdicke. Der linke Ellenbogen muss den Rippen Schutz gegen rechte Körperhaken des Gegners bieten und daher, wie erwähnt, am Körper bleiben und nicht, wie beim »Ententanz«, angehoben werden (vielleicht erinnert sich mancher an diesen Anfang der Achtziger aufgekommenen Faschingstanz, bei dem beide Ellenbogen der eingeknickten Arme wie Entenflügel vor dem Flug hoch und runter geklappt wurden).

Zur Energieerhaltung

An dieser Stelle ist es angebracht, mit einem kurzen Abstecher in die Physik das Folgende zu erläutern: Wussten Sie, dass unser Körper immer nur einen Teil seiner Energie der Funktion »Bewegung« zur Verfügung stellt, um ständig über Notreserven zu

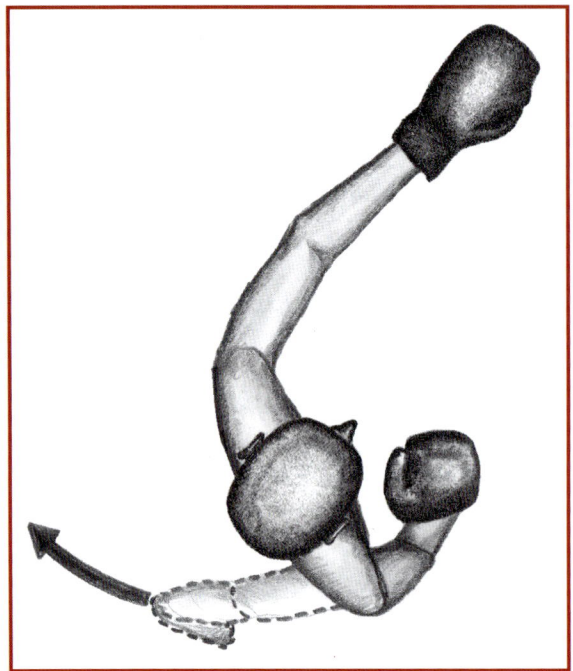

■ *Abb. 5: Das »Weglaufen«*
vermindert die eigene Schlag-
wirkung.

verfügen, die für »schlechte Zei-
ten« aufgehoben werden? Dies
bedeutet, dass Ihr »120-PS-Mo-
tor« in der Regel nur mit 70 bis
80 PS im Wettkampf startet. Um
so unverständlicher ist die Tatsache, dass viele Boxer da und
dort PS verschenken, die eigentlich dazu dienen sollten, die
Faust wirkungsvoll ins Ziel zu
bringen.

Sicher ist Ihnen von der Auto-
mobilkonstruktion bekannt, wie
man durch den Einbau von
Knautschzonen Bewegungs-
energie des Fahrzeuges bei einem Aufprall eliminiert. Bauen
Sie in Ihre Schlagbewegung
ebenfalls solche **Knautschzonen** ein, werden Sie zwar Ihre
Knöchel schonen, aber auch
den Gegner.

Die erste eingebaute »Knautschzone« könnte Ihr Handgelenk
sein. Von dem Verletzungsrisiko durch ein umknickendes Handgelenk abgesehen, vergeuden Sie weitere ca. 7 %, wenn die Verbindung von Faust und Unterarm im Moment des Auftreffens nicht
ganz starr und fest ist. Weitere Prozente gehen im Ellenbogen- und
Schultergelenk verloren, wenn keine ausreichende Steifheit erzielt
wird.

Kräftig zu Buche schlägt der Energieverlust durch eine falsche
Beinstellung bzw. Beinbewegung. Unbedingt muss im Moment des
Auftreffens der Faust ein fester Kontakt des rechten Fußes mit
dem Boden erhalten bleiben. Die unkontrollierten Bewegungen mit
dem rechten Fuß sind ein fast schon ärgerliches Problem der Box-
Debütanten, allerdings häufig auch bei Boxern, die bereits Kämpfe machen. Es muss doch einleuchten, dass beim Anheben des
rechten Fußes während des Schlages (vor allem bei der rechten
Geraden) die eigene Energie zweckentfremdet wird, indem sich

der Boxer selbst »zurückschiebt«, statt den Impuls auf das Ziel zu lenken.

Gelegentlich sieht man auch solche Boxer, die während des Schlagens der linken Führhand mit dem rechten Fuß schräg nach hinten links weglaufen. Hierbei verbindet sich vielleicht die Absicht, einen Schlag auszuführen mit dem gleichzeitigen Wunsch wegzulaufen. Da dies eher ein psychisches Problem ist, sollte der Trainer seinen Boxer fragen, ob er denn wirklich kämpfen möchte. Will er das, muss ihm klargemacht werden, dass er dann aber mit aller Entschiedenheit nach vorne »marschieren« muss und nur aus taktischen Gründen, und dann ganz bewusst, zurückgehen darf. Der fehlende Widerstand am rechten Fuß lässt sicher weitere 15 % Energie verloren gehen.

Was bleibt jetzt noch übrig, wenn gleich mehrere »Knautschzonen« eingebaut wurden? Manchmal dachte ich schon daran, Boxanfänger auf dem Leichtathletikplatz Kugelstoßen üben zu lassen. Dieser Sport verlangt ebenfalls, dass man das Gefühl für eine durchgehende Kraftlinie entwickelt, die von der Fußsohle bis in die Fingerspitzen verläuft. Stünde der Kugelstoßer – zum Vergleich – auf einem Rollbrett, seine Kugel würde nur halb so weit fliegen, die restliche Energie wäre verwendet, um ihn selbst ein Stück zurück zu rollen. Beachtet ein Boxer diese Gesetzmäßigkeiten nicht, wird er nie zu einer überdurchschnittlichen Schlaghärte kommen.

Jetzt geht's los

Aber zurück zur linken Führhand, aus der Grundstellung geschlagen. Auftreffen sollte die Faust mit der Knöchelkante, wie abgebildet. Fassen wir noch einmal zusammen: Der Boxer schlägt seine **linke Führhand** als Gerade[2] (ohne »Ententanz«-Ellenbogen), indem der Arm im Moment des Auftreffens unnachgiebig fest ist, die Faust wie abgebildet auftrifft, die Schulter nach vorne gezogen ist und dann sofort auf der gleichen Bahn zur Deckung zurückgezogen wird.

Häufig ist eine solche linke Führhand mit einem kurzen Schritt (Step) des linken Fußes in der Distanz von ungefähr einer halben Fußlänge nach vorne verbunden. Vielleicht ist »Schritt« ein irre-

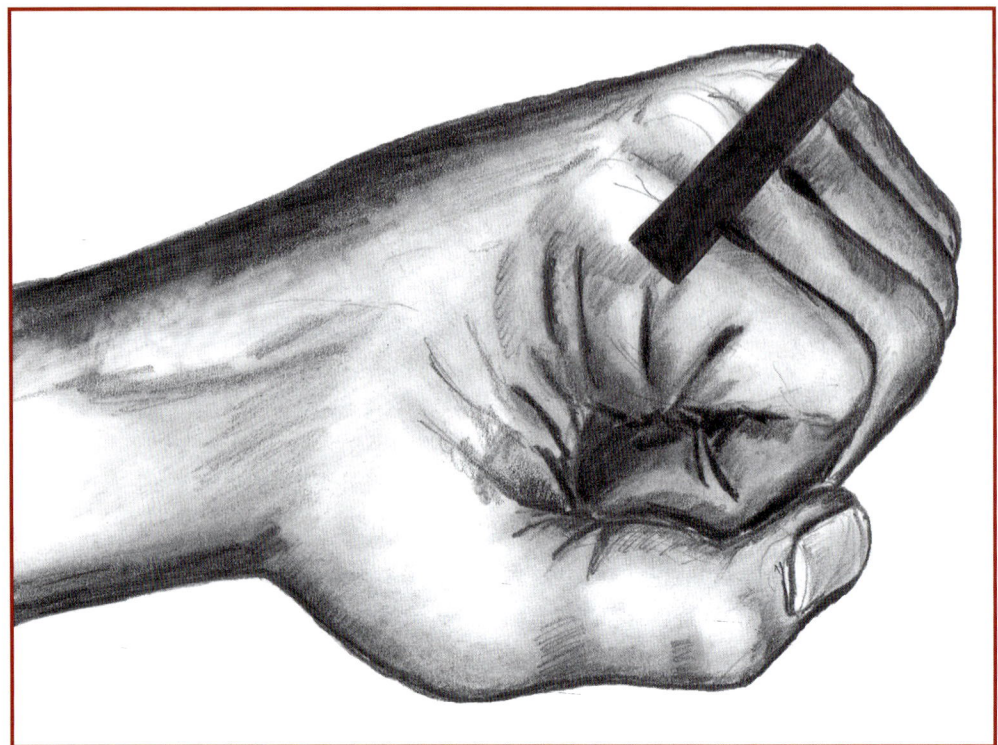

▮ *Abb. 6: Der Balken zeigt die optimale Trefferfläche der Faust.*

führendes Wort, da der Fuß gar nicht angehoben wird, sondern auf dem Boden nach vorne »schleift«. Die glatte Sohle des Boxstiefels ermöglicht dieses Vorschieben auf der Ringmatte ohne Probleme.

Folgende Übungen möchten wir zu dem bisher Gesagten anbieten:

Übung 1:

Führhand mit Step

Wenn wir die Führhand mit diesem kleinen Step verbinden, können wir beim Zurückziehen der Faust gleichzeitig den rechten Fuß nachziehen. Durch erneutes Schlagen der Führhand mit dem Step bewegen wir uns so vorwärts durch den Trainingsraum und üben damit die Koordination von linker Hand und beiden Füßen.

Fehler vermeiden 1

Um uns den »Ententanz«-Ellenbogen abzugewöhnen, stellen wir uns mit der linken Seite so nah an eine Wand, dass bei zu starkem Herausklappen desselben die Berührung mit der Wand an die richtige Verlaufsbahn erinnert.

Fehler vermeiden 2

Beim Schlagen der linken Führhand spannen wir ein Seil quer, etwa 15 cm unter dem ausgestreckten Ellenbogen, oder verwenden sonst ein Hindernis, damit uns sofort auffällt, wenn wir nach dem Schlag die Hand fallen lassen.

Lösen vom Gegner

Die Führhand muss auch im Rückwärtsgang geschlagen werden, um bei einem Gegenangriff des anderen Boxers diesen zu stören. Hierzu üben wir (vgl. Übung 1), beim Schlagen der Linken den rechten Fuß einen Step nach hinten zu nehmen, um danach beim Zurückziehen dieser Linken den linken Fuß nachzuziehen. So laufen wir rückwärts mit linken Führhandstößen.

Hand- und Fußkoordination

Partnerübung mit der linken Führhand: Wir stehen uns zu zweit gegenüber in Doppeldeckung. Nach einem Kommando (z. B. »und eins«) schlagen wir mit »eins« beide die Linke – aber während einer von beiden einen Step nach vorne macht, geht der andere gleichzeitig zurück. Wir treffen jeweils leicht auf die geöffnete und mit der Handinnenseite nach vorne gerichtete Rechte des Partners, die somit auch für ihre Deckungsarbeit geschult wird, und wechseln nach »und fünf« die Richtung.

Die Übungen 2 und 3 bauen wir vor allem bei entsprechenden Fehlern zu deren Korrektur ein, während die Übung 5 häufig zur spielerischen Auflockerung am Anfang des Trainings ausgeführt werden kann. Etwa 3 Minuten wäre die richtige Dauer für jeweils eine der Übungen.

Aufpassen müssen wir jetzt auf einen weiteren Fehler, der vielen Anfängern passiert: das Aufziehen. Dies bedeutet, während des Schlagens der linken Führhand wird unbewusst gleichzeitig die rechte Hand von ihrem Deckungsplatz weggezogen (die Rechte wird gleich noch separat besprochen).

Übung 6:

Kein »Aufziehen«

Zum Korrigieren des vorher beschriebenen Fehlers klemmen wir zwischen rechte Faust und Kinn einen Tennisball, damit er durch das Herausfallen sofort meldet, wenn die Hand ihren Platz verlassen hat. Der Fehler des Aufziehens passiert natürlich genauso mit der Linken, wenn die Rechte geschlagen wird.

Bevor wir uns der rechten Hand, zunächst geschlagen als Gerade, zuwenden, bauen wir noch eine lockere Bewegungsübung ein (Dauer: etwa 5 Minuten), bei der wir in erwähnter Grundstellung auf dem Boden stehen.

Übung 7:

Die Hüftdrehung

Synchron zu einem gedachten oder gehörten Rhythmus – falls die Möglichkeit dazu mittels eines Abspielgerätes besteht – nehmen wir abwechselnd die linke und rechte Schulter vor, lediglich um ein Gefühl für eine fließende Bewegung beider Seiten zu erfahren. Wichtig dabei ist auch das Vordrehen der Hüften, und damit verbunden, ein leichtes, abwechselndes Einknicken der Kniegelenke.

▮ *Abb. 7: Am 23. Oktober 1982 boxte René Weller gegen Eddie Murray (USA). Der Deutsche siegte in der zweiten Runde durch K.O. Er leitete erst Murrays Linke nach außen ab und schlug dann mit seiner Linken sofort eine Gerade zum Kopf seines Gegners.*

Aus dieser fast schon tänzerischen Übung können wir alternativ zu dem bisher Gesagten auch einmal ein Boxen ganz ohne die konventionelle Deckungshaltung ausprobieren. Gefordert ist jetzt ein fließendes und außerordentlich reaktionsschnelles Sich-Bewegen. Die Hände bleiben unten und werden nur in Bewegung gesetzt, wenn es gilt, die gegnerischen Schläge zu decken, oder besser, sie wegzuleiten. Schlägt der Partner zum Beispiel eine linke Gerade, stoßen wir mit unserer Rechten seine Hand nach innen (siehe Abb. 8), um dann sofort, in diesem Beispiel mit einem linken Körperhaken oder mit einer Rechten, ein zweites Mal, dann aber zum Kopf als Konter zu schlagen.

Am wirkungsvollsten wird unser Ableiten sein, wenn wir den fast ausgestreckten Arm des anderen Boxers an seiner Faust treffen. Hierbei muss auch unsere Beinarbeit stimmen, da wir blitzschnell die zuvor vorhandene Distanz verkürzen müssen. Diese Art der Abwehr verlangt ein besonderes Talent (René Weller hat es), das der

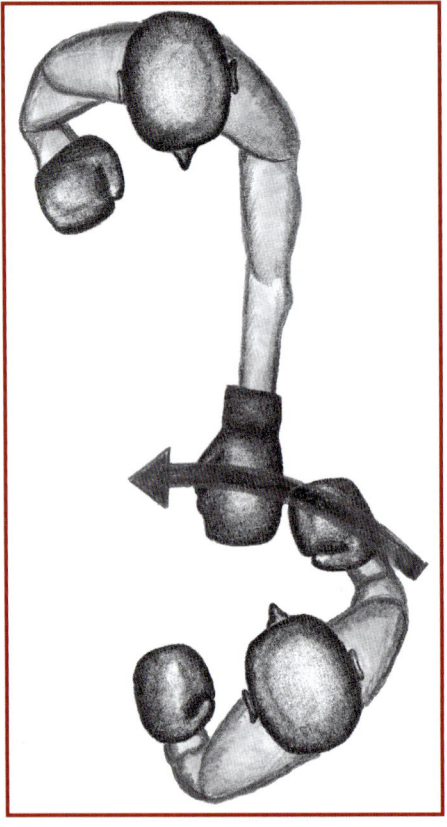

▌ *Abb. 8: Das richtige »Ableiten« als Verteidigungsstrategie.*

Trainer erkennen können sollte (siehe Abb. 7).

Nicht jeder Boxer wird in der Lage sein, so vorteilhafter zu boxen – derjenige aber, der ein entsprechendes Talent vorweisen kann, wird sicher zu einer Überlegenheit durch solch »schnelles Boxen« kommen. In diesem Fall wäre auch zur Abwechslung der linken Geraden das Schlagen von Jabs zu empfehlen. Gefordert ist hier zuerst der Trainer, da von ihm die Bereitschaft für eine individuelle Betrachtungsweise seiner Schützlinge gefordert ist. Gegebenenfalls muss er bei den Anfängern unterscheiden, für wen welche Art zu boxen die bessere wäre, die dann aber auch von Anfang an im Training angeboten werden muss. Wir werden im Folgenden parallel zur konventionellen Methode Anregungen für diese Alternative geben.

Ist Dir eine Laus über die Leber gelaufen?

Nun aber endlich zur rechten Hand: Sie wird zur Deckung etwas tiefer als die Linke gehalten. Die Faust befindet sich vor der rechten Kinnkante und der Ellenbogen mit Unterarm vor dem Körper.

Der Körperdeckung durch den rechten Arm kommt eine sehr große Bedeutung zu, da sich auf dieser Seite unsere Leber befindet. Ein gut platzierter Lebertreffer ist schwer zu verdauen. Kurzzeitig ist dann alle Energie weg, man fühlt sich, als wäre »der Stecker herausgezogen worden«. Also, mit der Rechten noch weniger »Ententanz« als mit der Linken – am besten gar keinen!

Sporadisch lassen Boxer die Rechte geringfügig aus der Deckung fallen, da sie bei rechtshändigen Gegnern gewöhnt sind, dass von deren Linken keine so große Gefahr ausgeht. Dieser Fehler wird gelegentlich mit einer Niederlage bestraft, da mancher Boxer mit gutem linken Schlag – so wie ich es ihm als Trainer auch raten würde – gerade diese Hand zunächst sehr sparsam einsetzt, um zur Nachlässigkeit der Deckung zu verleiten. Aber irgendwann, vielleicht in der dritten Runde, hängt die Rechte bei dem Nachlässigen tief genug, dass der andere Boxer mit einem linken Haken den Kampf entscheiden kann.

Da mit dem rechten Arm sowohl das Kinn, als auch die Leber zu schützen sind, beugen sich viele Boxer gering mit dem Oberkörper nach schräg rechts vor (vgl. Abb. 9), um die zu deckende Strecke etwas zu verkürzen. Beide Fäuste am Kopf sollten nicht zu weit vor dem Gesicht stehen – lieber, im Zweifelsfall, neben ihm, da es durch das instinktive »der Gefahr-Entgegenstrecken« der Hände leichter fällt, bei Bedarf die Fäuste zur Abwehr vor, als zurück zu bewegen. Zur frontalen Körperdeckung werden beide, eher seitlich platzierten Ellenbogen auch nach vorne zur Körpermitte

❚ *Abb. 9: Die richtige Deckungshöhe der Ellbogen.*

bewegt, ohne dass die Fäuste ihre Position vor dem Kopf verlassen. Oft wird genau deshalb zum Körper geschlagen, um die Kopfdeckung herunter zu ziehen und damit das Kinn oder andere Kopfpartien für Treffer frei zu machen.

Übung 8:

Kopf- und Körperdeckung

Daher schlagen wir in dieser Übung leicht und unregelmäßig abwechselnd auf die Deckung am Kopf und zur Körpermitte, um das Abwehren mit den Ellenbogen, ohne Herunterziehen des ganzen Armes, zu trainieren.

 Zusammengefasst

Noch einmal: Die Fäuste befinden sich zur Deckung beide am Kopf. Die Rechte gezwungenermaßen etwas tiefer als die Linke. Über beide Hände haben wir gute Sicht nach vorne. Die Unterarme und Ellenbogen bleiben leicht seitlich am Körper. Bei einem Standard-Gegner kommt der linken Deckungshand die Aufgabe zu, dessen rechte Schlaghand abzufangen und damit den Kopf zu schützen, die linke Körperhälfte wird mit dem Unterarm vor Haken geschützt.

Schlagen wir eine linke Gerade, ziehen wir die Schulterpartie zur Deckung so vor das Kinn, dass bei ausgestrecktem Arm dieses noch immer geschützt bleibt. Die rechte Kopfdeckung, der natürlich noch größere Bedeutung bei linkshändigen Gegnern zukommt, die auf dieser Seite ihre Schlaghand haben, schützt vor linken Geraden und Haken und – ganz wichtig! – der rechte Ellenbogen vor Leberhaken des Gegners. Kommen die Körperschläge frontal zur Mitte fangen wir sie mit dem vorgenommenen linken oder rechten Ellenbogen ab.

All dies steht selbstverständlich nur für den Fall, wenn wir nicht schon zuvor durch entsprechende Beinarbeit den Attacken entgehen konnten.

Das »Meiden« mit Hüftschwung

Schuldig blieb ich bisher noch die Antwort auf die Frage, warum ich den rechten Fuß nicht querstellen darf (vgl. S. 18), obwohl man doch das Gefühl hat, so relativ sicher auf den Füßen zu sein. Es wird gewiss einleuchten, dass auch eine denkbar große Reichweite für eine Gerade sehr wichtig ist. Manchmal machen es vielleicht 5 bis 10 cm aus, ob unser Schlag noch in das Ziel kommt, oder nicht. Beim Mitvordrehen der rechten Hüfte werde ich diese Differenz in der Distanz der rechten Schlaghand leicht erreichen. Zur Bewegung der Hüfte muss ich aber den Fuß auf dem Ballen drehen können – der Ballen bleibt dabei fest am Boden (denken Sie an den Kugelstoßer), so dass die rechte Ferse auf der Außenbahn mindestens einen Viertelkreis nach vorne genommen wird.

Stellen Sie jetzt den Fuß mit Absicht falsch, also quer. Eine Drehung und die damit verbundene Hüftbewegung wird unmöglich. Die Spannung im Bein erinnert an eine Bremse. Ihre Reichweite ist um etwa 20 cm verkürzt. Beim Üben der rechten Geraden sollten Sie also immer darauf achten, dass der rechte Fuß parallel zum linken steht, dass beide Füße mit ihren Spitzen auf den Gegner zeigen, und dann, verbunden mit einer Hüftdrehung nach vorne, der Fuß auf dem Ballen gedreht wird.

Der Vorteil der Reichweitenverlängerung wird noch ergänzt durch die Erhöhung der Schlagwirkung, hervorgerufen durch das Gewicht der mitgedrehten Oberkörperpartie.

Wie schon bei der linken Geraden gefordert, muss auch die **rechte Gerade** schnell und ohne jeden Umweg in das Ziel gebracht werden, wobei im Moment des Auftreffens nirgendwo etwas nachgeben darf, also keine »Knautschzonen« eingebaut sein dürfen, um sie dann sofort wieder auf gleicher Bahn zur Deckung zurück zu nehmen. Da erfahrungsgemäß fast jeder, der einen Schlag auf sich zukommen sieht, instinktiv mit dem Kopf nach unten geht (zusammenzuckt), zielen wir bewusst ca. 4 cm unter die Kinnhöhe. Setzt die erwartete Reaktion ein, treffen wir genau das Kinn, im Zweifelsfall den Hals. Lässt es eine hohe Schlagschnelligkeit zu, wie sie häufig in den unteren Gewichtsklassen zu erwarten ist, verzichten wir auf das »Danebenzielen«.

Eine ganz wichtige Übung, auch in der Verbindung mit der Linken, ist die direkt an den Schlag angeschlossene **Meidbewegung**. Wir planen ein, unmittelbar nach dem Schlag um etwa eine Kopfhöhe abzutauchen, oder schräg nach vorne links oder rechts abzuducken, um einem eventuellen Konter des Gegners bereits entwichen zu sein. Reagieren ist in dieser nahen Distanz, die ich beim eigenen Schlag eingegangen bin, nur noch schwer möglich, daher kalkuliere ich des Gegners Schlag bereits in meinen Bewegungsablauf ein und bin genau in dem Moment schon weg, wenn die Gefahr droht. Solche Bewegungen sollten unbedingt nach und nach im Training automatisiert werden, da sie nur so wirkungsvoll funktionieren. Vergebens bleibt die Meidbewegung nie, da ich gerade aus dieser Bewegung heraus meinen nächsten Schlag platziere.

Das »Meiden« ist daher nicht mit dem zur Deckungsarbeit ebenfalls notwenigen Ausweichen zu verwechseln, da beim Meiden immer die Nähe zum Gegner erhalten bleibt, um selbst wieder sofort zu kontern. René schmunzelte bei dem Thema, da ihm oft eine superschnelle, nahezu undenkbare Reaktion von seinen Fans unterstellt wurde, weil sie natürlich nicht wissen konnten, dass er eigentlich auf die Schläge des Gegners gar nicht echt reagierte, sondern seine Meidbewegungen schon in den eigenen Schlagablauf eingeplant hatte.

Noch ein paar Worte zur **Schlaghärte**: Vielleicht wissen Sie, warum im Sommer die Sonne heißer scheint als im Winter. Der wesentliche Grund liegt darin, dass durch den fast senkrechten Stand der Sonne im Sommer eine kleinere Fläche als im Winter (der Stand ist sehr schräg) beschienen werden muss und ihre Energie pro Quadratzentimeter höher ist. Treffen Sie mit Ihrer Faust schräg auf, wird auch hier die Aufschlagenergie reduziert, im Gegensatz zu einem guten, frontalen Treffer. Versuchen Sie auch später an den Sandsäcken so frontal wie möglich zu treffen – zur Kontrolle sehen Sie dabei, dass der korrekte Schlag den Sack kaum um die eigene Achse drehen wird.

Erinnern Sie sich an den in Abb. 5 dargestellten Fehler? Bei der in diesem Beispiel beschriebenen Drehung des Boxers wird seine linke Führhand nur noch leicht die linke Wange seines Gegners streifen (streicheln) und nie mit Härte, wie bei einem frontalen Schlag, treffen können.

Sollen meine linken und rechten Geraden zum Körper des Gegners geschlagen werden, bücke ich mich nicht dazu ab, sondern vollführe eine kurze Kniebeuge. Dies verhindert auch das Risiko der »Kopfstoß-Ermahnung« durch den Ringrichter, da bei einer Beuge die Fäuste regelentsprechend vor dem Gesicht bleiben, während beim Vorbücken schnell die Stirn regelwidrig vor den Fäusten ist.

Übung 9:

Beidhändig schlagen

Wir schlagen nacheinander die linke und rechte Gerade auf einen gedachten Punkt, verbunden mit einem kurzen linken Step während der Führhand. Dabei bitte alles beachten: Weder die Linke noch die Rechte fallen lassen, weder links noch rechts »aufziehen« und unbedingt, wie beschrieben, bei der rechten Geraden die rechte Hüfte vordrehen.

Übung 10:

Geraden auf zwei Ebenen

Ohne Step schlagen wir links/rechts im Stehen und dann in der Kniebeuge, einen Kopf tiefer, in dieser Position erneut, dann wieder im Stand, usw. Anfangs schlagen wir in jeder Etage 2, danach 3 und zuletzt 4 Geraden, jeweils abwechselnd mit beiden Händen.

Auch diese Übungen können jeweils 3 Minuten dauern. Sollte ein Boxer den rechten Ellenbogen zu sehr beim Schlagen nach außen klappen, sollte er die Übung 2 (siehe Seite 23), nur dann für die rechte Seite, mehrfach durchführen.

Schnelligkeit und Distanzgefühl

Zwei Punkte stehen noch zu diesem Thema auf unserem Spickzettel, die wir jetzt erwähnen möchten. Hierzu machen wir noch einen kurzen Ausflug in die Physik. Wenn man solche Faktoren,

▌ *Abb. 10: Drei Weltmeister in jungen Jahren nach dem gemein-samen Training: (v.l.) Graciano Rocchigiani (IBF), Ralf Rocchigiani (WBO) und René Weller (WAA).*

die für unsere Überlegungen kaum eine Rolle spielen, außer Acht lässt, bleibt zur Berechnung des Impulses, vergleichbar der Auf-treffhärte unserer Faust, der Begriff Masse und der Begriff Ge-schwindigkeit. Wir multiplizieren also Masse und Geschwindigkeit (m · v) und können dann die Wirksamkeit unseres Schlages be-urteilen.

Es nutzt demnach wenig, wenn wir uns als Boxer riesige Mus-kelpakete antrainieren, also die Masse erhöhen, dadurch aber die Schlaggeschwindigkeit nachlässt. Ein muskelbepackter Athlet kann vielleicht kräftig schieben, aber nicht schlagen. Darüber hi-naus wird seine Muskulatur schnell ermüden, da sie entsprechend intensiv mit Nähr- und Sauerstoff über das Blut versorgt werden müsste; zum Teil wird sie aber durch ihre eigene Masse die dazu notwendigen Gefäße »strangulieren«. Ob Rocchigiani (siehe Abb. 10), Maske oder Michalczewski, keinem würde der Leser eine aus-reichende Schlaghärte absprechen (René Weller schlug sogar an einem Schlaghärte-Messgerät nach Superschwergewichtler Peter

Hussing die höchste Leistung), aber keiner von ihnen ähnelt einem »Body-Builder«.

Betonen möchten wir zwei Dinge: Ein Box-Neuling sollte sich nicht verleiten lassen, zu viel Krafttraining durchzuführen und schon gar nicht von einem »Schwarzenegger-Aussehen« träumen, und, was noch wichtiger ist, er muss unbedingt schnell schlagen, um die nötige Härte zu erreichen.

Die Schnelligkeit ist natürlich auch wegen der Chance des Treffen-Könnens so wichtig. Was nutzt ein mit viel Kraft ausgeführter Schlag, wenn der Gegner schon im Duschraum weilt, bis er hätte getroffen werden können.

Abschließend noch zu diesem Thema: wie so vieles, findet die Fähigkeit auch zum schnellen Schlagen ihre Voraussetzung im Kopf. Mental muss der Wunsch und die Aufforderung an sich selbst da sein, schnell schlagen zu wollen. Gedankenlos und verträumt kann das nicht klappen. Beständig muss der Wunsch nach Erhöhung der Schlaggeschwindigkeit und damit der Schlaghärte während des Trainings im Bewusstsein verweilen, und Sie werden sehen: eine Steigerung ist tatsächlich möglich.

Der zweite Punkt ist die Ausbildung von Distanzgefühl, da auch in ihm eine wichtige Voraussetzung für die Schlaghärte liegt. Kurz vor dem Ende der Schlagbewegung – wirklich erst im letzten Zentimeter! – erfährt die Faust die größte Beschleunigung. Denken Sie an das Werfen eines Steines. Sie lassen ihn nicht los, wenn Ihre Hand noch auf der Höhe der Schulter ist, sondern wenn der Arm fast ausgestreckt nach vorne zeigt. In diesem Moment ist der Stein am stärksten beschleunigt und wird dementsprechend am weitesten fliegen. Hier leuchtet ein – im Zusammenhang mit dem vorher Gesagten –, dass der Stein nur so weit wie ein ausgespuckter Kirschkern fliegen wird, wenn die Geschwindigkeit, bzw. die Beschleunigung (dies ist die beständige Erhöhung der Geschwindigkeit) beim Werfen zu gering ist.

Um mit fast ausgestrecktem Arm auch zu treffen, müssen wir nun ein Gefühl für die Distanz zum Gegner entwickeln, damit wir lernen, im richtigen Moment zu schlagen. Dies ist nicht leicht, da sowohl der Gegner als auch wir selbst ständig in Bewegung sind.

Ein Gerät, das zu diesem Zweck sehr gut geeignet ist, hängt an einem Seil oder an einer Kette, ist etwa kopfgroß und heißt Maisbirne. An ihr versuchen wir so zu treffen, dass sie selbst kaum bewegt wird, um das geforderte Distanzgefühl so mit Kontrolle auszubilden. Von dem Boxer ist Geduld verlangt, da diese Fähigkeit nur über eine lange Zeit zu erlernen ist. Wenn wir jetzt üben, mit fast ausgestrecktem Arm zu treffen, dürfen wir natürlich auch nicht über das Ziel hinausschlagen. Stellen Sie sich den Zielpunkt imaginär vor (in der Phantasie), treffen Sie ihn und ziehen Sie dann sofort den Arm wieder zur Deckung zurück. Oft sieht man bei Anfängern die Faust noch etwa 30 bis 50 cm unnötig über den Zielpunkt hinaus geschlagen, womit ebenso unnötig die Deckung länger geöffnet ist, im schlechtesten Fall stolpern sie gar ihrem Schlag hinterher. Der Zeitpunkt der maximalen Beschleunigung ist ebenso bereits überschritten, wodurch die Schlaghärte wieder geringer ausfällt.

 Zusammengefasst

Wir schlagen, vor allem mit der Schlaghand als Gerade, so, dass wir ohne Stolpern mit dem ausgestreckten Arm genau auf das Ziel treffen, keinen Zentimeter davor, und keinen dahinter, um dann sofort die Hand wieder zur Deckung zurück zu nehmen.

Übung 11:

Das »Mitschlagen« der Führhand

Wir stehen unserem Partner gegenüber, beide in der beschriebenen »Doppeldeckung«. Wie vor der Übung vereinbart, wird einer (später wechseln wir) »vorgeben«, das heißt, er schlägt als erster seine linke Führhand auf die rechte Deckungshand des anderen Boxers, der jetzt schnell reagieren sollte, damit er ebenfalls seine Linke mitschlagen kann. Nach zwei Minuten wird das »Vorgeben« vom anderen Boxer ausgeführt. Wichtig ist bei dieser Übung das unregelmäßige Schlagen, also beispielsweise ein Schlag pro Sekunde, dann zwei in einer Sekunde oder auch erst nach zwei

Sekunden wieder einer, damit man im Reagieren gefordert ist und nicht einer erkennbaren Schlagfrequenz entsprechend schon automatisch schlägt.

Das »Mitschlagen« der Schlaghand

Wir wechseln jetzt von der Führhand zur Schlaghand und machen sonst alles wie in Übung 11.

Mentale Voraussetzungen

In Bezug auf die Schlagschnelligkeit erwähnten wir zuvor die Bedeutung der Bemühung, sich mental auf das Geforderte einstellen zu können. Mit der körperlichen Fähigkeit, eine außergewöhnliche Leistung bringen zu können, geht die mentale Bereitschaft voraussetzend einher, dies auch zu wollen. Es ist daher ratsam, dass gerade der Boxanfänger gleich lernt, sich einer Aufgabe mit aller von ihm aufbringbaren Konzentration zu widmen. Ist für ihn dies beispielsweise altersbedingt noch schwierig, würde ich ihm als Trainer lieber die Pausen zwischen den Beanspruchungen verlängern, ihn dann aber während den Runden zu 100 % fordern, statt die gesamte Trainingszeit in einem Level von etwa 60 % mit ihm zu arbeiten.

Wir sehen es als ganz wichtig an, dass der junge Boxer lernt, in einem zeitlich begrenzten Rahmen »alles« zu geben. In ihm muss der Wunsch geweckt werden, dass ihn auch in diesem Zeitraum absolut nichts ablenken kann (vgl. auch die beschriebene Episode auf Seite 153, unten). Das setzt im Training natürlich das Verständnis voraus, dass er selbst keinen seiner Trainingskameraden durch Sprechen, Herumalbern oder Ähnliches stört. Wir Boxer sind sicher nicht humorlos, aber im Moment des Kämpfens haben wir nur einen Gedanken, und der heißt »siegen«. Die Notwendigkeit zur Konzentration ergibt sich aus den in einem Boxkampf so plötzlich auftretenden Veränderungen, die ich nur rechtzeitig wahrnehmen kann, wenn all meine Sinne darauf eingestellt sind.

Uns fällt als Vergleich eine Autofahrt mit defekten Bremsen ein, vielleicht mit 120 km/h auf einer abschüssigen Landstraße. In jedem Moment kann durch eine Unachtsamkeit die Fahrt zu Ende sein – mit allergrößter Konzentration aber schaffen wir vielleicht die Wegstrecke bis zur nächsten Steigung, an der wir das Fahrzeug als »Sieger« verlassen können. Wie erwähnt, von Anfang an sollte der Trainer darauf achten, dass seine Schüler dies lernen und befolgen.

Mit Haken und Ösen

Bisher haben wir dem Boxanfänger Informationen zum Schlagen der linken und rechten Geraden angeboten, einschließlich der dazugehörigen Deckungshaltung. Im Folgenden möchten wir die »Haken« darstellen, verbunden mit weiteren Deckungsmethoden, bevor wir Kombinationen aus verschiedenen Schlägen vorstellen. Die Haken sind für den Anfänger noch schwerer zu erlernen, als die Geraden. Von Anfang an sollte er sich um den richtigen Bewegungsablauf bemühen, da es noch komplizierter ist, etwas falsch Einstudiertes wieder zu korrigieren.

Im Wesentlichen gibt es seitliche Haken und Aufwärtshaken (uppercuts), die wiederum beide zum Körper oder zum Kopf geschlagen werden können, jeweils mit der linken oder rechten Faust. Das ergibt schon 8 verschiedene Schläge, ohne die unterschiedlichen Gewichtsverlagerungen berücksichtigt zu haben. Wie schon in der Einleitung angekündigt, werden wir nicht jede theoretisch denkbare Möglichkeit erörtern.

▌ *Abb. 11a: Der rechte Kopfhaken nach der linken Geraden. Der Blick bleibt immer auf den Gegner gerichtet. Mit der vorbereiteten Linken verlagern wir das Gewicht auf den rechten Fuß…*

▌ *Abb. 11b: Am Ende dieser Linken knicken wir mit dem rechten Knie leicht ein und drehen die rechte Hüfte nach hinten, um für den anschließenden rechten Haken geladen zu haben. Für einen Moment befinden wir uns fast in einer halb-hohen »Hockstellung« und sind dabei total gespannt. Der rechte Ober- und Unterarm bilden zueinander einen Winkel von 90° (rechter Winkel) und werden auf Schulterhöhe angehoben ...*

▌ *Abb. 11c: Der Zündung eines Knallkörpers gleich wird jetzt das rechte Bein durchgestreckt, dabei die gespannte, rechte Hüfte wieder vor- und der gesamte Oberkörper nach links gedreht. Wichtig ist, dass mit der Verlagerung des Gewichtes auf den linken Fuß dieser absolut synchron zu dem Auftreffen der rechten Faust auf den linken Kinnwinkel des Gegners um etwa eine Fußlänge vorgeschoben wird.*

Beim seitlichen Haken zum Körper oder zum Kopf zeigt, wie bei den Geraden, unser Handrücken nach oben und wir treffen wiederum mit der Knöchelkante auf unser Ziel. Bei den Aufwärtshaken drehen wir dagegen die Hand mit ihrer Innenseite nach oben.

Stellen wir uns zunächst den sehr häufig geschlagenen rechten, seitlichen Kopfhaken vor (vergleiche auch die Ausführungen zu den Abbildungen 11a–c): Die Faust befindet sich während des Schlages auf einer Kreisbahn auf dem Weg zum Ziel.

Noch dringlicher als bei der Geraden steht die Körperdrehung während der Schlagausführung im Vordergrund. Dabei muss unbedingt die rechte Hüfte mit vorgedreht werden. Überwiegend wird der etwa rechtwinklig eingeknickte Arm in seinem Winkel gar nicht mehr verändert, sondern starr durch die Körperdrehung in das Ziel gebracht. Die dabei tätige Muskulatur des Oberkörpers, einschließlich der Schultern, ist natürlich kräftiger als unsere Oberarmmuskulatur. Entscheidend für die Schlaghärte wird aber wieder die Schnelligkeit sein, die wir für die Körperdrehung durch eingehendes Training erreichen können.

Ziel unseres rechten Kopfhakens ist zuerst einmal der linke Kinnwinkel des Gegners (andere Trefferpunkte am Kopf werden noch erwähnt). In der traditionellen Boxschule wird gelehrt, den Haken aus der Deckungshaltung nahezu waa-

Abb. 12a: *Schlägt man den rechten Kopfhaken von unten schräg nach oben (Pfeil), ist die linke Deckungshand des Gegners meist im Wege.*
Im Bild der vierfache Deutsche Meister im Halbweltergewicht, Klaus Niketta.

Abb. 12b: *Der Pfeil zeigt den korrekten Verlauf des rechten Kopfhakens.*

▌ *Abb. 13: Die Körperdrehung beim Haken.*

gerecht, im Zweifelsfalle sogar eher von schräg unten nach oben (siehe Abb. 12a) auszuführen. Die Begründung findet sich in der damit möglichen, guten Körperdeckung. Die rechte Partie ist tatsächlich nur kurze Zeit ungedeckt. Andererseits ist so die Chance des Treffens gering, weil die linke Deckungshand des Gegners auf dieser Bahn meist im Wege ist. Sollte der andere Boxer wenig Fähigkeit zu einem guten Körper-Konter zeigen, versuchen wir lieber, den Haken höher anzusetzen und ihn auf einer Bahn von oben, schräg nach unten zu schlagen (siehe Abb. 12b). Jetzt wächst die Chance, hinter der Deckungshand das Kinn zu treffen. Das bei den Geraden erwähnte Risiko – über den Punkt hinaus zu schlagen – gilt es jetzt noch stärker zu vermeiden, da wir bereits eine Deckungslücke am Körper eingegangen sind.

Also, nach dem Schlag, sofort »den Kasten wieder zumachen«, weder die Hand fallen lassen noch die Linke »aufziehen«.

Der rechte Kopfhaken ist gerade dann ein guter Schlag, wenn unser Kontrahent etwas kleiner ist, als wir es sind. Dann müssen wir den Arm nur wenig anheben, um recht leicht hinter die Deckungshand schlagen zu können. Das beste Beispiel für gut platzierte Kopfhaken – allerdings auch wieder dafür, dass die Ausnahmen die Regel bestimmen, bietet der für das Schwergewicht relativ kleine Mike Tyson. Er steht bei seinen Kopfhaken oft mit seinem Oberkörper schräg nach vorne geneigt, und schlägt durch eine enorme Körperdrehung fast von oben nach unten. Er ist überhaupt auch eines der besten Beispiele für die wirkungsvolle Körperdrehung um die eigene, senkrechte Körperachse (vgl. Abb. 13).

Stehe ich einem größeren Gegner gegenüber, ist in den häufigsten Fällen der seitliche Haken zum Körper zu bcvorzugcn. Vor allem in dem Moment, in dem der andere Boxer seine linke Führhand schlägt, wäre zu empfehlen, diese Führhand mit einem Schritt zum Gegner zu untertauchen, um dann aus naher Distanz einen gezielten, rechten Haken auf dessen »kurze« Rippen zu schlagen. Wie eingangs erwähnt, müssen wir die Hüfte mit vornehmen und deshalb auf dem rechten Ballen die Ferse ebenfalls nach vorne drehen.

Übung 13:

Der rechte Kopfhaken

Wir stehen unserem Partner gegenüber, der seine rechte Deckungshand vor das linke Kinn hält (siehe Abb. 14). So können wir ganz locker rechte Haken auf dieses Ziel schlagen, um den Bewegungsablauf zu üben. Nach zwei Minuten vertauschen wir die Rollen.

❙ *Abb. 14: Klaus Niketta bietet hier Trefferfläche zum Einüben des rechten Kopfhakens.*

Der rechte Körperhaken

Nun brauchen wir keine künstlich eingebaute Trefferfläche, denn wir üben den rechten Körperhaken durch das Schlagen auf den linken Deckungsellenbogen des Partners. Hier können wir wieder wie bei Übung 11 »mitschlagen«.

Wie vereinbart, haut einer zuerst, und der andere sollte reagieren und versuchen, möglichst sofort ebenfalls zu schlagen. Nach 2 Minuten wechseln wir das »Vorgeben«.

Wenn wir nun mit der anderen Hand das Gleiche versuchen, wird jeder Rechtshänder bemerken, wie ungewohnt das Schlagen eines linken Hakens ist. Wie eingangs schon angekündigt, bringt aber gerade das Einstudieren dieser Schläge große Vorteile, weil oft nicht damit gerechnet wird, dass von der linken Hand harte Treffer ausgehen könnten. Die Verlaufsbahn des Hakens sollte die gleiche, wenn auch die spiegelbildliche sein, wie zuvor beim rechten Kopfhaken. Zu unserem Vorteil wird die Tatsache, dass häufig die rechte Deckungshand des Gegners tiefer sitzt und dadurch das Kinn leichter zu treffen ist. Wir müssen aber den Winkel zwischen Ober- und Unterarm (vgl. die Erläuterung zu Abb. 11) geringfügig mehr öffnen (stumpfer Winkel), da durch das Schrägstehen meines Gegenübers seine rechte Kinnkante ein ganz klein wenig hinter der linken steht.

Mit dem linken Körperhaken treffen wir leicht die Leber des Gegners. Markus Bott war ein Spezialist für solche Haken und gewann manchen Kampf damit (siehe Abb. 15), indem er den linken Körperhaken mit einem Schritt nach rechts verband, sich so der Rechten des Kontrahenten entzog und sofort, gerade dann, wenn er bemerkte, dass der Leberhaken Wirkung zeigte, mit einem rechten Kopfhaken abschloss – die gegnerische linke Deckungshand war durch den Lebertreffer ohnehin bereits am »Fallen«.

▌ *Abb. 15: René Weller schlägt hier einen Leberhaken (a) und einen die Aktion abschließenden rechten Kopfhaken (b).*

Nun geht's aufwärts

Möchten wir einen **Aufwärtshaken** zum Kopf schlagen, begegnen wir erneut der Notwendigkeit, die Hüfte mit vorzudrehen. Bei einer zu geringen Drehung landet unser Haken meist an den Ellenbogen der Deckung (vgl. rechter Pfeil, Abb. 16), weil der Haken zu schräg von außen kommt. Er muss dagegen fast senkrecht von

▐ *Abb. 16: Die Verlaufsbahn des korrekten Aufwärtshakens.*

unten nach oben, zwischen den Deckungsarmen des Gegners hindurch zum Kinn oder zur Nase gebracht werden (vgl. mittlerer
Pfeil, Abb. 16). Und dies gelingt – bitte ausprobieren – nur bei
ausreichender Hüftdrehung. Viele Boxer unterstützen ihren Aufwärtshaken noch mit dem Durchstrecken ihrer zuvor gebeugten
Beine und durch das Aufrichten des Oberkörpers (siehe Abb. 17).
Soll die Körpermitte das Ziel unseres Schlages sein, müssen wir
wieder den Haken etwas »öffnen«, was bedeutet, den Winkel zwischen Ober- und Unterarm zu vergrößern.

Mit Aufwärtshaken zum Kopf wird der größere Boxer gegenüber
dem kleineren im Vorteil sein. Häufig ducken sich die kleineren
zusätzlich noch etwas nach vorne und bieten so den Haken ein
gutes Ziel (siehe Abb. 18). Aber auch hier bestimmen die Ausnahmen die Regel: Mike Tyson bezwang seinen fast einen Kopf
größeren Gegner Frank Bruno mit einer Aufwärtshaken-Doublet-
te, indem er zuerst einen zum Körper schlug, und dann, auf der
gleichen Bahn, als sich Bruno durch den Körpertreffer leicht nach
vorne beugte, ein zweites Mal zum Kopf schlug. Die individuellen
Kampfsituationen sind oft so verschieden, dass die vorher ge-
machten Vorschläge immer eine statistische Vereinfachung enthalten und deshalb nie für alle Fälle absolut richtig sein können.

▌ *Abb. 18: Max Herfert bei einem öffentlichen Sparringskampf 1995 gegen den Deutschen Profi-Meister Bernd Friedrich in Reutlingen.*

andere Boxer mit einem rechten Cross kontert. Nach 2 Minuten vertauschen wir die Rollen.

Übung 16:

Der linke Cross

Dies ist die spiegelbildliche Übung zu der vorangegangenen. Also die linke Hand als Trefferfläche vor das rechte Kinn, um so die rechte Schlaghand bringen zu können. Der Partner kontert mit einem linken Cross. Wie zuvor, vertauschen wir nach 2 Minuten die Rollen.

Wir üben nun alle erwähnten Schläge unter Aufsicht und mit der eventuellen Korrektur des Trainers. Wenn die Schläge einigermaßen korrekt ausgeführt werden, kommen wir zu Übung 17.

Alle Schläge

Wir schlagen mit der Führhand alle Schläge möglichst locker, allerdings schnell, vorrangig natürlich die Gerade, aber auch seitliche und Aufwärtshaken zum Kopf und zum Körper. Die Schlaghand setzen wir nur ab und zu ein, dazu nur als Gerade mit mindestens 80 % der maximalen Schlaghärte. Diese wichtige Übung vollziehen wir zunächst beim Schattenboxen, später auch am Sandsack (und noch später beim Sparring). Auf diese Übung legt René Weller in seinem Training größten Wert.

Mit Zielwasser treffen

Bevor wir ein weiteres Mal auf die Deckung eingehen, möchten wir die im Text auch schon teilweise angesprochenen **Trefferpunkte** zusammenstellen. Gelernt haben wir inzwischen das Schlagen von linken und rechten Geraden, von linken und rechten seitlichen Haken, sowie die Aufwärtshaken mit beiden Händen und links und rechts den Cross. Bei den Haken unterschieden wir bereits zwischen solchen, die den Kopf treffen sollten und denen, die auf den Körper zielen. Wenn wir jetzt den einzelnen Schlägen Trefferpunkte zuordnen, stellt auch dies wieder eine kleine Vereinfachung dar, weil wir nur die am leichtesten und am wirkungsvollsten zu treffenden Stellen hervorheben. Natürlich gibt es je nach individueller Konstitution hier nicht erwähnte, Wirkung verursachende Punkte und die bereits beschriebenen Ziele lassen sich auch mit anderen Schlägen treffen.

Sie werden bemerken, dass nicht bei jedem Boxer die Wirkungen gleich sind. So gibt es welche, die am Körper deutlich empfindlicher sind als am Kopf. Sie müssen während des Kampfes herausfinden – möglichst in kurzer Zeit –, welche Ziele Sie beim entsprechenden Gegner bevorzugen sollten. Aus der bereits vorhandenen Box-Literatur haben wir alle Treffer-Punkte zusammengetragen und waren teilweise überrascht, welche Angaben sich vorfanden. So wurde unseres Erachtens zu selten die Leber als K.O.-Punkt hervorgehoben, andererseits z. B. das Brustbein als solcher erwähnt. Auch hier spielt unsere persönliche, umfangreiche Erfahrung eine Rolle, wenn wir unsere eigene Gewichtung zu diesem Thema vornehmen, statt nur von anderen Büchern »abzuschreiben«.

In Abb. 19 sehen Sie die Punkte zusammengestellt. Am Kopf ist das Kinn unser wichtigstes Ziel. Die **Kinnspitze** treffen wir am besten mit der langen Geraden der Schlaghand oder mit den aufwärts geschlagenen Kopfhaken.

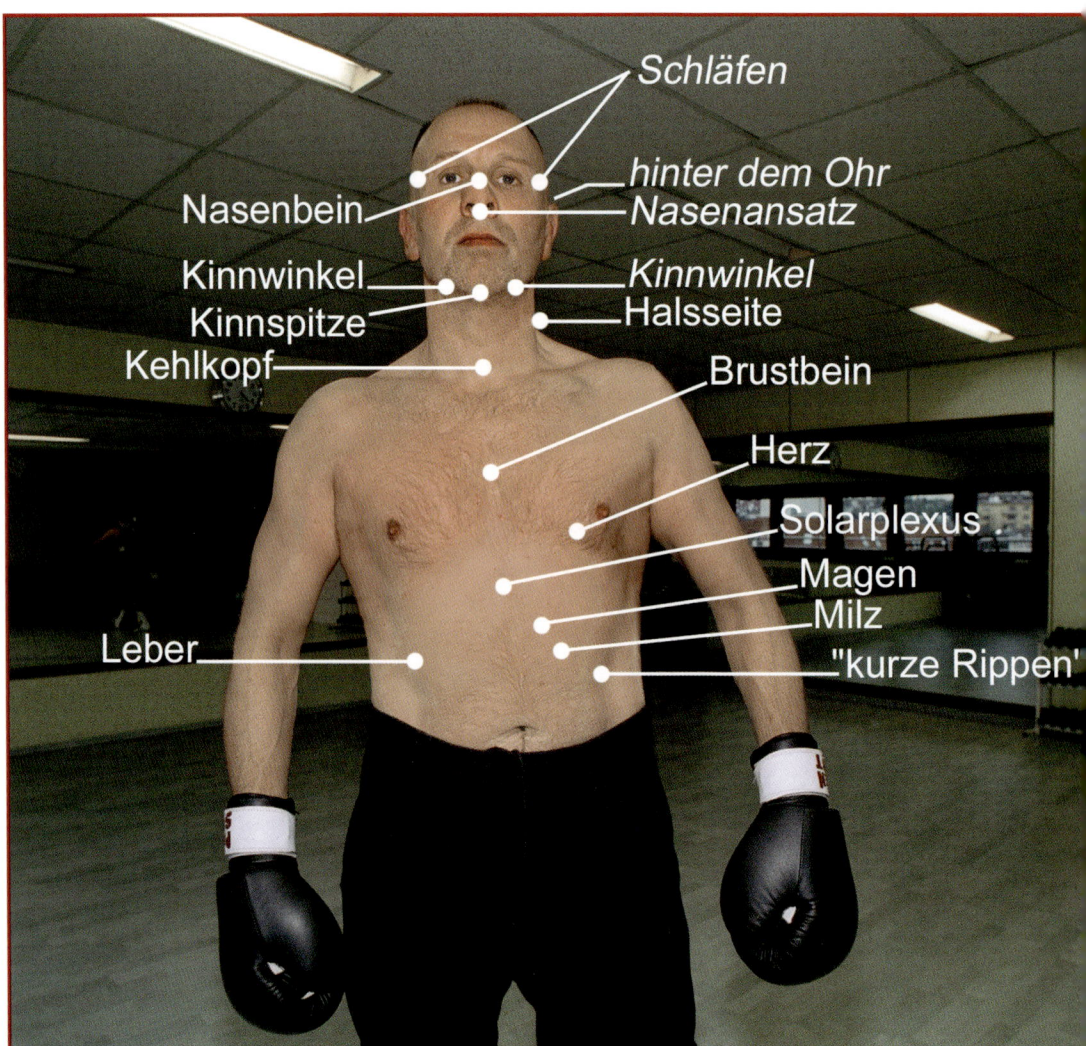

▌ *Abb. 19: Die Treffer-Punkte am Körper des Boxers.*

Den **Kinnwinkel** (Kinnkante) treffen wir leichter mit dem Cross oder dem seitlichen Kopfhaken mit linker oder rechter Hand, da das Kinn entsprechend zwei Kinnwinkel hat.

Die Treffer am Kinn führen am zuverlässigsten zum klassischen K.O. und heben so schon die Bedeutung der damit verbundenen Schläge hervor. Die Wirkung des Schlages zur Kinnspitze hängt mit dem durch das Hinterhauptsloch führenden verlängerten Rückenmark zusammen, das bei der ruckartigen Bewegung des Kopfes an die Kanten gepresst wird und so die Blutzufuhr zum Gehirn unterbindet. Die Kinnspitze bietet für diese Bewegung den wirkungsvollsten Hebel. Die darauf folgende Bewusstlosigkeit bezeichnen wir als K.O. Beim Kinnwinkel gibt es wenige, in sich übereinstimmende Beschreibungen. Sicher ist die Wirkungsweise mit der des Kinnspitzen-Treffers vergleichbar, es wird aber auch die Erschütterung des Gleichgewichtssinnes und die Beeinträchtigung von aus der Kinnkante austretenden Nerven genannt.

Bei der Nase sind es ebenfalls zwei Stellen, die bei einem Treffer Wirkung zeigen. Die **Nase am Ansatz**, direkt oberhalb des Oberkiefers ist wieder gut mit der Schlaghand-Geraden zu treffen, während das **Nasenbein** am effektivsten mit dem Aufwärtshaken getroffen wird. Das Nasenbein wird auch häufig mit dem seitlichen Kopfhaken gebrochen, wenn die Faust die Nase fast nur noch streift.

Treffer der Nase führen selten zum K.O. Wenn, dann nur am Nasenansatz aus dem gleichen Grund wie an der Kinnspitze – sind aber sehr schmerzhaft und bereiten damit andere Treffer vor.

Erlauben Sie uns, aus dem Buch »Die Neue Häßlichkeit« von Max Herfert ein autobiographisches Fragment zu zitieren: »In der ersten Runde brach mein Nasenbein – bis zur ersten Pause begann ich bereits das Blut aus meiner Nase mit meinen Schuhen auf dem Ringboden großflächig zu verteilen. Im Laufe der zweiten Runde fehlte dann irgendwann die Kraft, die Deckungshände vor den Kopf zu halten. Wehrlos, wie ein Sandsack, musste ich die Treffer hinnehmen, von denen mich ein rechter Kopfhaken kurz auf die Knie zwang. Als ich nach dem Anzählen des Ringrichters wieder stand, gab ich selbst den hoffnungslos gewordenen Kampf auf. Am gleichen Abend noch lieferten die Röntgen-Aufnahmen die Gewissheit: Bruch des Nasenbeins, Bruch des Jochbeins, Bruch des Augenbodens, …«. So lernte Autor Herfert die Wirkung der Nasentreffer kennen.

Auf die **Schläfe** wird am leichtesten mit einem seitlichen Kopfhaken geschlagen. Auch hier ist bei einem gut platzierten Treffer wieder eher ein K.O.-Schlag möglich (Sven Ottke gegen Anthony Mundine am 2. Dezember 2001, K.O. in der 10.Runde). Mit dem rechten Kopfhaken treffen wir die linke Schläfe, mit dem linken Kopfhaken dementsprechend die rechte Schläfe. Zur Wirkung der Schläfentreffer wird in der Literatur die Erschütterung des gesamten Schädels mit anschließender Bewusstseinstrübung hervorgehoben, allerdings auch der Mechanismus des Abknickens des verlängerten Rückenmarkes im Hinterhauptsloch und die Beeinträchtigung der Blutzufuhr. In Abhängigkeit von der Position des Gegners können seine Schläfenpartien auch mit dem Cross getroffen werden.

Ähnliche Wirkungen, wie die Treffer auf die Schläfen, erzeugen die Schläge auf die Bereiche **hinter den Ohren**. Hier kommt noch hinzu, dass stärker das Gleichgewichtsorgan in Mitleidenschaft gezogen wird, da sich dies im Innenohr befindet.

Auf Seite 29 erwähnten wir schon die Notwendigkeit, bei dem ins Visier genommenen Kinn etwas tiefer zu zielen, um es bei dem instinktiven Zusammenzucken des Gegners doch noch zu treffen. Sollte das Abducken ausbleiben, treffen wir den Hals. Ob nun mit Absicht oder durch Zufall, bietet der **Hals** zwei Trefferpunkte: die Halsseite und den Kehlkopf. Bei Treffern auf die Halsseite wird die Halsschlagader kurzzeitig die Blutzufuhr zum Gehirn unterbrechen und so manchmal einen K.O. verursachen oder die Kreislauffunktionen beeinträchtigen. Kehlkopftreffer sind wieder recht schmerzhaft (Kehlkopfkrampf), verursachen Atemnot und dienen durch die starke Beeinträchtigung zur Vorbereitung weiterer Schläge. Die Halsseite wird am einfachsten mit seitlichen Kopfhaken oder Crosses getroffen, während der Kehlkopf dem aufwärts geschlagenen Kopfhaken oder der geraden Schlaghand gut ein Ziel bietet.

Das **Herz** treffen wir mit der rechten Geraden und verursachen dabei wiederum eine lähmende Beeinträchtigung der Gesamtvitalität unseres Gegners. Hier bereitet ein Treffer ebenfalls weitere Aktionen vor.

Auch auf den **Solarplexus** (Nervenzentrum) treffen wir recht gut mit unserer als Gerade geführten Schlaghand, aber genauso gut mit einem aufwärts geschlagenen Körperhaken. Am Solarplexus erreichen wir bei guter, schnell ausgeführter Platzierung einen K.O. (Körper-K.O.) durch folgenden Mechanismus: Der Treffer führt zu einer Erschlaffung der Blutgefäßmuskulatur, wodurch sich im Körpermittelpunkt unnormal viel Blut ansammelt, das dann in anderen Körperregionen, wie zum Beispiel dem Kopf, fehlt. Dieser Vorgang läuft unabhängig von der Härte des Treffers ab, weshalb die genaue Platzierung wichtiger als die Stärke des Schlages ist.

Noch zuverlässiger erzielt ein guter Treffer einen K.O., wenn wir mit dem linken seitlichen Körperhaken die **Leber** unseres Kontrahenten treffen. Hierbei kommt es im Gegensatz zum Solarplexus zu einer Verkrampfung der Gefäßmuskulatur, wodurch der Bluttransport in der Leber stockt.

Magen und **Milz** liegen auf der linken Seite des Körpers, der Magen dabei näher zur Mitte. Dies bedeutet, dass wir rechts aufwärts oder seitlich mit Haken treffen müssen, den Magen erreichen wir wegen seiner zentraleren Lage leicht auch mit der rechten Geraden. Die Wirkung ist nicht so stark, wie bei der Leber und dient wieder eher zur Vorbereitung weiterer Schläge. In der Literatur wird bei einem Magentreffer von der anschließenden Verkrampfung der Bauchdeckenmuskulatur und des Zwerchfells geschrieben, die wiederum eine Atemnot einleitet, während die stark durchblutete Milz bei einem Treffer Störungen der Nervenfunktionen mehrerer innerer Organe hervorrufen kann.

Ein Ziel, das ganz bewusst zur Vorbereitung anderer Treffer dient, ist der Bereich der sogenannten **kurzen Rippen**. Wir können zwar keinen K.O. verursachen, aber teilweise sind die Treffer recht schmerzhaft und zermürben unseren Gegner. Oft provozieren wir auch, dass der an den Rippen Getroffene seine Kopfdeckung nach unten zieht, um weitere Treffer zu vermeiden, womit nachfolgende Schläge zum Kopf besser ins Ziel kommen können. Wirkungsvoll wird der seitliche Körperhaken von rechts (vgl. S. 40) oder links sein. Für den Autor Herfert war dies sicher der ergiebigste Schlag. Aus der Zahl der Gegner seiner Wett- und Sparringskämpfe wird sich gewiss eine Fußballmannschaft samt Ersatzspielern zusammenstellen lassen, die gebrochene Rippen, oder häufiger Rippenprellungen davon trugen.

In einem Buch fanden wir noch das **Brustbein** als Trefferpunkt genannt, konnten aber, weder aus eigener Erfahrung noch aus der restlichen Literatur eine Bestätigung finden. Sicher ist das Brustbein der Bereich, an dem man am leichtesten jemanden umstoßen oder aus dem Gleichgewicht bringen kann, dies ist aber ein anderer Sachverhalt, als er uns bei der Aufstellung der Trefferpunkte für einen Boxer interessiert.

… und sich nicht treffen lassen

An mehreren Stellen im Text hatten wir schon auf verschiedene Deckungsnotwendigkeiten hingewiesen. Bevor im folgenden Abschnitt gründlicher an die Verteidigungsmethoden herangegangen wird, möchten wir drei wichtige, damit im Zusammenhang stehende Grundlagen voranstellen:

1. Das Kinn ziehen wir immer auf die Brust herunter, bei linker Führhand, eingebettet neben der linken, vorgezogenen Schulter, bei rechter Führhand natürlich neben der vorgezogenen rechten Schulter. So bleiben Kinnspitze und Kinnwinkel ohne weiteres Zutun vor seitlichen und aufwärts geschlagenen Haken geschützt.

2. Weiterhin sollten wir den gesamten Oberkörper leicht nach vorne gebeugt halten, damit wir mit dem Kopf etwa auf der Höhe der Spitze des Führhandfußes sind. So behalten wir den Spielraum, manchen Attacken des Gegners durch leichtes Zurückweichen des Oberkörpers zu entgehen, was nicht klappt, wenn wir schon von vornherein zurückgeneigt stehen (vgl. Abb. 20).

3. Zuletzt sollten wir von Anfang an die Deckungshände locker mit Bewegungsfreiheit halten, statt sie in Unbeweglichkeit zu verkrampfen. Es reicht, wenn wir die Deckungsarme im letzten Moment, vor dem Auftreffen der gegnerischen Faust, anspannen. Zuvor kann es durchaus sein, dass wir je nach Angriffsart unseres Kontrahenten noch schnell reagieren können müssen.

Die unterschiedlichen Arten der Abwehr sollten gemeinsam mit den Schlägen geübt werden. Dass hier im Buch beides getrennt

▌ *Abb. 20: Durch das leichte Vorbeugen des Oberkörpers bewahren wir uns Raum, um nach hinten auszuweichen.*

dargestellt wird, liegt in der Hoffnung begründet, dass die Erklärungen so verständlicher sind. In der weiteren Gliederung haben wir uns entschlossen, nach den Methoden sortiert die verschiedenen Verteidigungen vorzustellen (Alternative: nach zu deckenden Partien).

Das Decken
Vielleicht ist dies die einfachste Möglichkeit zum Schutz vor den gegnerischen Schlägen, da wir ohne große Aktionen den potenziellen Treffern unsere Deckung als »Ersatzziel anbieten«, was im Falle des Getroffenwerdens kaum beeinträchtigt und hinter der die empfindlichen Stellen (siehe letzter Abschnitt) geschützt sind. So verstehen wir unter der Doppeldeckung die leicht seitlich vor den Kopf genommenen Fäuste, während die Unterarme und Ellenbogen gleichzeitig den Körper schützen.

Gerade bei den Unterarmen – da die zu deckende Partie größer als unser Schutzschild ist –, sollte die schon angesprochene Beweglichkeit vorhanden sein, damit man zur Körpermitte geschlagene Fäuste mit vorgenommenen Ellenbogen abblocken kann. Häufig drehen wir unsere rechte Hand am Kopf mit der Handinnenseite nach vorne, um so die Linke unseres Gegners besser abfangen zu können. Die Arme und Fäuste werden in ihrer Deckungsarbeit noch von den Schultern unterstützt, indem wir sie ebenfalls nach vorne oder oben bewegen.

Das bisher Gesagte wird noch etwas in seiner praktischen Anwendung davon beeinflusst sein, wie »breit« oder »schräg« der Boxer steht. Bei den sehr schräg stehenden Athleten ist natürlich die von ihnen gebotene Trefferfläche kleiner als bei einem sehr frontal und breit stehenden Boxer. Er muss demnach eine kleinere Fläche decken, allerdings hat der schräg Stehende einen weiteren Weg für seine Schlaghand, da eben seine Schlaghandseite weiter zurückgedreht steht. Nehmen wir zur Körperdeckung einen wie vorher beschriebenen »Ellenbogenblock« ein, drehen wir ihn jeweils leicht in die Richtung des abzufangenden Schlages.

Per Deckung sind fast alle Arten von Angriffen neutralisierbar, problematisch bleiben oft die dabei entstehenden eigenen Bewegungseinschränkungen. Und die Tatsache, dass wir nie zu 100 % alle Regionen ausreichend hinter der Deckung verstecken können.

Übung 18:

Die Deckung

Wir stehen einem Partner gegenüber und schlagen leicht, ohne Härte, auf dessen Deckung, dabei ständig auf der Suche nach dessen Deckungslücken an Kopf und Körper. Diese müssen von ihm, den Schlägen entsprechend, sofort geschlossen werden.

Nach einer Minute erhöhen wir leicht das Tempo. Der die Deckung haltende Boxer schlägt in dieser Übung noch nicht zurück. Wie üblich vertauschen wir nach 2 Minuten die Rollen.

Das Parieren

Eine Parade, wie man auch sagt, erfordert deutlich mehr Übung als das Decken. Gemeint sind in dieser Verteidigungsaktion alle Arten, die gegnerischen Schläge wegzustoßen, abzuleiten, abzu-

▌ *Abb. 21 a (oben): Boxer A leitet die linke Führhand des Gegners (B) nach innen ab und blockiert so dessen rechte Schlaghand.*

▌ *Abb. 21 b (unten): Durch das hier gezeigte Ableiten der Führhand von Boxer B nach außen ist der Weg frei für dessen Schlaghand.*

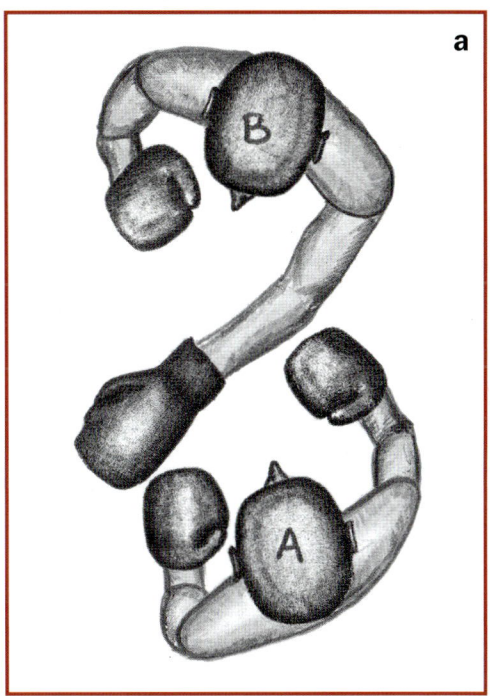

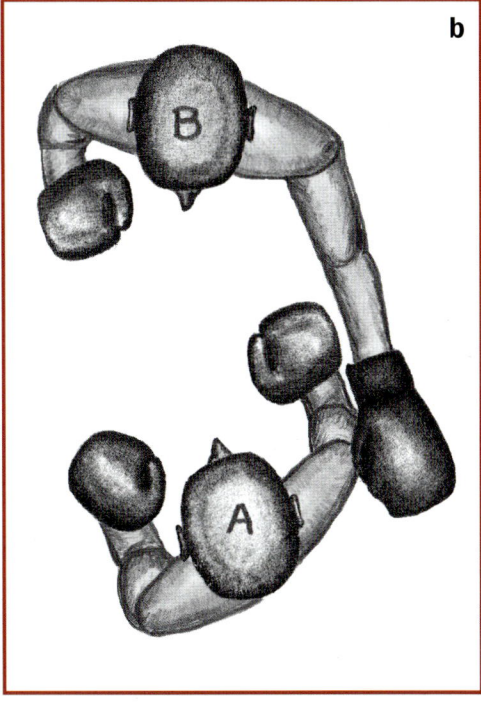

lenken, oder wie auch immer in der Literatur zu dem plötzlichen Verändern der Bahn eines entgegenkommenden Schlages gesagt wird. Ableiten kann man die Schläge seines Kontrahenten nach innen oder außen, nach oben oder unten. Innen bedeutet, dass wir z. B. die gegnerische Linke von uns aus gesehen nach links und seine Rechte nach rechts stoßen.

Anders als bei Horst Fiedler (»Boxsport«, Sportverlag, Berlin, 1976) sagen wir zur begrifflichen Klärung: Die Worte »innen« und »außen« beziehen sich immer auf die Position des Gegners[3]. Leiten wir seine Rechte und Linke jeweils zu seiner Körpermitte ab, heißt dies »nach innen«. In die entgegengesetzte Richtung heißt dementsprechend »nach außen«. Welche unserer Hände die Aktion ausführt, spielt dabei keine Rolle.

Diese Abwehrtechnik erfordert zum Einstudieren Verstand, damit wir auch das Sinnvollste hinsichtlich der Effektivität und der eigenen Sicherheit üben und uns keinen Nachteil dabei

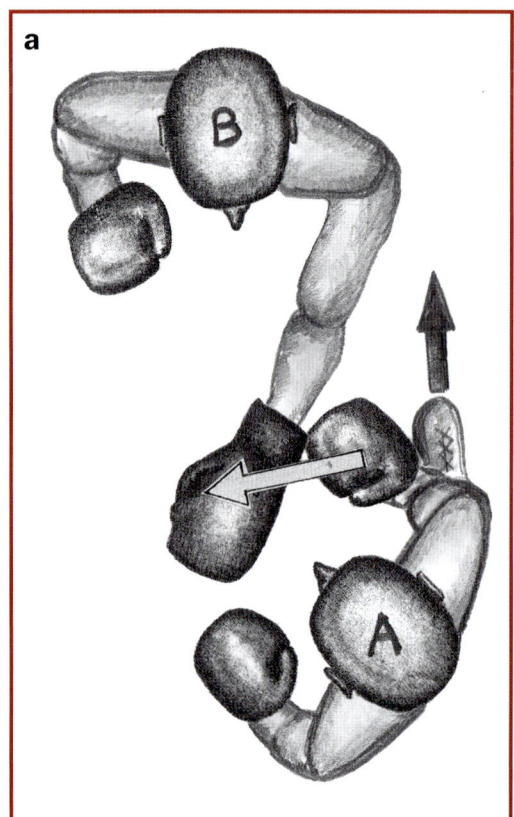

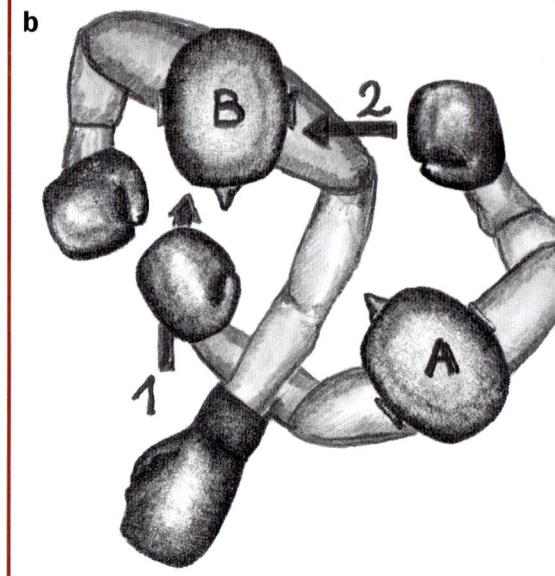

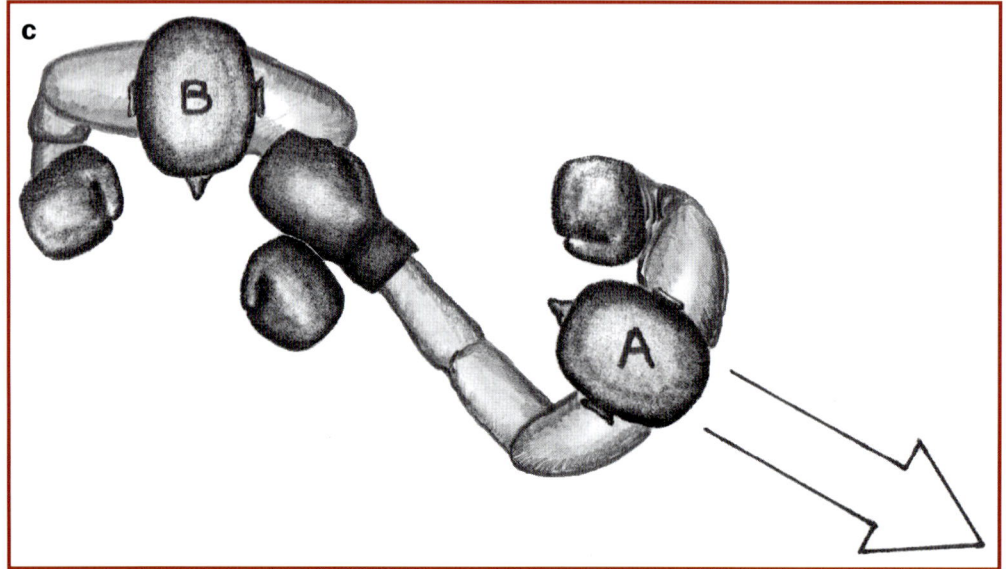

▌ *Abb. 22 a–c: Boxer A leitet die linke Führhand von Boxer B nach innen ab (a) und ergänzt die Aktion mit einem linken Aufwärtshaken (b1), einem rechten Kopfhaken (b2) und der Führhand (c).*

verschaffen. Schauen Sie sich noch einmal Bild 8 auf Seite 26 an. Würden wir in diesem Beispiel die Linke des Gegners nach außen, also nach rechts ableiten, hätte er selbst nahezu freie Bahn für seine rechte Schlaghand (siehe Abb. 21b). Drücke ich aber seine Hand nach links, ist seine eigene Schlaghand blockiert. Selbstverständlich muss ich seine Führhand absolut waagerecht zur Seite leiten, damit das Gesagte gewährleistet ist – schlage ich seine Faust nach unten, ist erneut der Weg frei für seine rechte Schlaghand. Spiegelbildlich leite ich seine rechte Gerade mit meiner Linken nach innen ab. Aber, wie zuvor beschrieben, steht der Gegner nach dem Ableiten seiner linken Führhand relativ unbeweglich vor uns und kann noch weniger ausrichten, wenn wir mit dem Ableiten einen Schritt mit dem rechten Fuß schräg rechts nach vorne machen (siehe Abb. 22). Nun stehen wir schräg neben unserem Kontrahenten – er kann kaum etwas erwidern.

Abschließen können wir diese Kombination, entweder, wie schon einmal angeboten, mit einer zweiten Rechten, als Cross geschlagen, oder einer dem Ableiten entgegengesetzten Drehung, verbunden mit einem linken Körperhaken und dann erneut den dagegen gedrehten rechten Kopfhaken. In beiden Fällen beenden wir mit einer linken Geraden die Serie, stehen dann seitlich vor unserem Gegner und können je nach seinen weiteren Aktionen sofort erneut kontern.

Übung 19:

Das Ableiten

Unser Partner schlägt, zunächst noch nicht zu schnell, eine linke Gerade. Mit einem rechten Step nach schräg rechts vorne drehen wir den Oberkörper nach links um die senkrechte Körperachse und schlagen die Faust des Partners mit unserer Rechten nach innen weg. In der Gegendrehung schlagen wir links aufwärts leicht einen Körperhaken. Nach zwei Minuten vertauschen wir wieder die Rollen. Sie werden sehen, dass das Gelingen dieser Übung sehr davon abhängt, ob Sie auch nahe genug an den Partner herangegangen sind. Mit zu großer Distanz funktioniert das nicht.

Übung 20:

Ableiten und Kontern

Wenn die vorangegangene Übung einigermaßen flüssig verläuft, ergänzen wir jetzt noch den rechten Kopfhaken, für den der Partner seine rechte Faust als Schlagpolster vor das linke Kinn hält. Diese Übung verlangt eine gute Körperdrehung. Zu der abschließenden linken Führhand nehmen wir den linken Fuß etwas zurück und drehen ihn leicht, bis beide Füße wieder in der Grundstellung stehen. Wechseln, wie gehabt.

Ohne diese Abwehrmöglichkeit detailliert darstellen zu wollen, bietet sich an, spiegelbildlich die rechte Gerade des Gegners mit der Linken nach innen abzuleiten, um dann den rechten Aufwärtshaken zum Körper anzuschließen – wenn wir dabei den entsprechenden Schritt nach links machen, stimmt die eingenommene Position gut zum Treffen des Solarplexus oder gar der Leber. Ein linker Kopfhaken wäre der weitere Schlag und zuletzt eine rechte Gerade zum Lösen. Generell sollte bei allen Paraden gewährleistet sein, dass Sie keine Deckungslücken eingehen, sondern die Aktionen des Gegners einschränken, und dass Ihre folgenden Schläge immer durch die vorangegangenen Körperdrehungen schon vorbereitet sind.

   Abschließend noch folgende Empfehlung: Lernen Sie zuerst die Paraden nach innen. Die Paraden nach außen und nach unten sollten Sie erst dann in Ihr Repertoire aufnehmen, wenn Ihr Trainer Ihnen ausreichende Reaktionsschnelligkeit attestiert hat, da Sie dabei Deckungslücken eingehen. Paraden nach oben sind unproblematischer, aber auch nicht so wirkungsvoll.

Meidbewegungen

Auf Seite 30 wiesen wir bereits auf die Wichtigkeit der Meidbewegungen hin. Auch erwähnten wir die Notwendigkeit, Meidbewegungen schon in den Ablauf unserer Bewegungen nach manchen Schlägen einzustudieren, um sie zu automatisieren. Auch sprachen wir darüber, dass es in der nahen Distanz oft schwierig ist, auf Konter des Gegners noch reagieren zu können. Der Begriff der Meidbewegung findet in unserem Buch einen etwas anderen Inhalt, als dies häufig in der restlichen Literatur der Fall ist. Geprägt durch das Abwehrverhalten von René Weller (kürzlich schrieb er mir in diesem Zusammenhang: »Für mich ist die Kunst des Boxens, nicht getroffen zu werden – was auch viel schwerer ist, als zu treffen. Meidbewegungen, das Auspendeln, Schnelligkeit, deinen Gegner zu steuern, das ist für mich der Boxsport«) wird das übliche Meiden von ihm immer mit der Einnahme schlaggünstiger Positionen ergänzt. Meiden heißt bei ihm, nicht nur reagieren, sondern innerhalb des Bewegungsablaufes prophylaktisch abzutauchen, abzuducken, abzurollen, auszupendeln und andere Ausweichstrategien einzubauen, dazu aber auch ständig mindestens einen Konterschlag folgen zu lassen. Zu seinem Abwehrkonzept gehört auch eine Vielzahl von Paraden, die ebenso mit Kontern abgeschlossen werden. Starr in Doppeldeckung zu stehen, wäre genau das Gegenteil zu seinen boxerischen Vorstellungen. Allerdings setzt dieses Konzept eine ungewöhnliche Reaktionsschnelligkeit und Wachsamkeit voraus.

Wie schon eingangs gefordert, sollte der Trainer erkennen, welche Deckungsmethoden zu welchem Boxer passen. Neben der Gewichtsklasse wird auch die Mentalität des Kämpfers bei der Einschätzung eine Rolle spielen, ob man besser mit der lockeren »Weller-Deckung« boxt, oder lieber die bequeme Doppeldeckung vorzieht.

Übung 21:

Kontern nach dem Abtauchen 1

Die Boxschüler stehen in einer Reihe nebeneinander. Verbunden mit einem Step des linken Fußes, schlagen wir die linke Führhand als Gerade nach vorne. In der Erwartung, dass der imaginäre Gegner rechts kontert, tauchen wir um etwa eine Kopfhöhe ab. Nun schlagen wir im Hochkommen, unterstützt durch das Hochstrecken, erneut eine harte linke Gerade.

Übung 25:

Kreisförmiges Abtauchen

Dies ist eine Basis-Übung, die sowohl die Voraussetzungen zum Gelingen der vorangegangenen Übungen festigt, als auch bei weiteren Schlagkombinationen gebraucht wird. Wir beginnen, während wir Kniebeugen unter Beibehaltung der normalen Deckung ausführen, eine leicht kreisförmige Bewegung von oben nach unten (siehe auch Abb. 23). Nach einer Minute sollte die Richtung der Drehbewegung geändert werden. Nach einer Pause wiederholen wir die Übung, fügen aber eine zweite Bewegung ein. Wenn wir nun, entgegengesetzt zur Abbildung, nach links abtauchen, drehen wir leicht die rechte Hüfte nach hinten, sobald wir den unteren Punkt passieren. Jetzt kommen wir rechts wieder nach oben, drehen die Hüfte wieder nach vorne, strecken das rechte Bein stärker als das linke durch und schlagen einen kurzen rechten Kopfhaken. Diesen Haken halten wir bewusst sehr kurz, um ohne aus dem Rhythmus zu kommen, diese kombinierten Bewegungen bis zu einem fließenden Ablauf üben zu können. Erneut wechseln wir nach 1 Minute die Richtung, dies heißt, wir gehen rechts nach unten, drehen dann die linke Hüfte nach hinten (wie in Abb. 23 zu sehen) und strecken, verbunden mit dem Vordrehen der Hüfte das linke Bein durch. Hierbei führen wir einen kurzen linken Kopfhaken aus.

Die letzte Übung beinhaltete drei miteinander verbundene Bewegungen. Sie sollten daher nicht enttäuscht sein, wenn der Ablauf auf Anhieb nicht gleich so gut klappt. Sie bewegen sich senkrecht von oben nach unten und zurück, dann kreisen Sie mit dem Oberkörper um eine waagrechte Achse, die man sich frontal durch die Körpermitte durchgehend vorstellen kann und zuletzt kommt noch eine Rück- und anschließend eine Vordrehung, gedacht zu der senkrechten Körperachse, hinzu. Bei diesen Übungen ist zunächst die Schlaghärte des Hakens vollkommen irrelevant. Sie sollten dagegen auf eine elegante, fließende Bewegung achten, die eher an einen Tanz erinnert. Später werden wir diese Übung sicher auch in eine weitere Schlagkombination einfügen können.

Bewegt man sich in dieser Übung mit dem gegnerischen Schlag – kommt ein rechter Kopfhaken von links nach rechts, gehe ich erst

einmal kurz nach rechts mit und tauche dann in meine Kreisbewegung ein –, spricht man bei den Abwehrstrategien von Abrollen.

Abtauchen, Abducken und Auspendeln

Auch diese drei Verteidigungsmethoden sehen das »Aus-der-Ge-
fahr-nehmen« der bedrohten Kopf- oder Körper-Partie vor. Beim **Abtauchen**, wie schon erwähnt, vollziehen wir kurze Kniebeugen, um
die frontale Stellung gegenüber unserem Gegner, ohne Kopf-
stoßrisiko zu bewahren. Vor allem wird das Abtauchen bei weit aus-
geholten Kopfhaken oder langen Geraden zu empfehlen sein. Sind
wir in unserer Reaktionsschnelligkeit schon ein wenig trainiert,
lässt sich diese Verteidigungsform auch bei kürzeren Haken und
Geraden einbauen.

Beim **Abducken** wird nur der Oberkörper ohne Hinzunahme der
Kniebeuge geneigt, während beim **Auspendeln**, vorrangig bei mehreren, vom Tempo her kalkulierbaren Schlägen, der Oberkörper von
vorn nach hinten, oder von links nach rechts, und jeweils zurück,
bewegt wird. Für die Abwehr von Haken bietet sich das in den Haken Hineinstrecken des eigenen Armes an.

Übung 26:

Das Abwehren von Haken

Unser Partner schlägt, zunächst nicht allzu schnell, einen rechten
Kopfhaken. Im letzten Moment strecken wir unseren linken Arm
so in den gegnerischen Haken, dass wir in jedem Fall dabei leicht
mit unserem Unterarm in die Ellenbogenbeuge des Partners schlagen. Wenn wir unseren Arm sehr starr zur Abwehr halten, wird der
Haken nicht weiter ausgeführt werden können. Ebenso »strecken«
wir unseren rechten Arm in den linken Haken des anderen Boxers.
Nach zwei Minuten vertauschen wir die Rollen.

Ähnlich können wir aufwärts geschlagene Haken abwehren. Wir
hauen mit unserem linken Unterarm in die Ellenbogenbeuge des
rechten Aufwärtshaken-Armes und mit dem rechten Unterarm in
die des linken Aufwärtshakens. Der Schlag in die Beuge wird sowohl den seitlichen Haken als auch den Aufwärtshaken stoppen,
wenn er zielgenau und akzentuiert ausgeführt wird.

Auf dem Rückweg

Jede Form von Ausweichen, ob mit Sidesteps oder Rückschritt, ist selbstverständlich immer eine zuverlässige Verteidigung, wenn wir dadurch nicht mehr getroffen werden können; nur verlangt sie, dass danach wieder frisch die eigene Position aufgebaut wird. Leider bewegt man sich dabei in der Regel auch aus der Distanz der eigenen Schlagmöglichkeit heraus. Je nach Gegner bleibt aber manchmal nicht die Wahl der Mittel. So ist es gelegentlich besser, eine gewisse Zeit, auch mit dem Verlust der eigenen Trefferdistanz, bei einem schlagstarken Gegner den »Rüchwärtsgang« einzulegen, um dann, wenn er ausreichend studiert wurde und vielleicht seine Kondition nachlässt, erneut mehr Aktivität in den Kampf zu bringen. (Diese Strategie half auch Muhammad Ali am 30. Oktober 1974 bei seinem spektakulären Sieg über George Foreman in Kinshasa, Zaire).

Sidesteps sind dem Rückschritt gegenüber noch vorzuziehen, da man manche Kontrahenten dadurch »leerlaufen« lassen kann und eine günstige Position zum anschließenden Kontern behält. Bei einem Sidestep nach rechts bewegen wir zuerst den rechten Fuß und ziehen dann den linken nach. Beim Step nach links wird entsprechend der linke Fuß zuerst bewegt. Die Richtung ist jeweils schräg rechts vor oder schräg links vor, immer so, dass wir nicht zu weit von unserem Gegner entfernt verweilen. Da die gedachte Linie, auf der wir nach dem Step stehen, kreisförmig um den Geg-

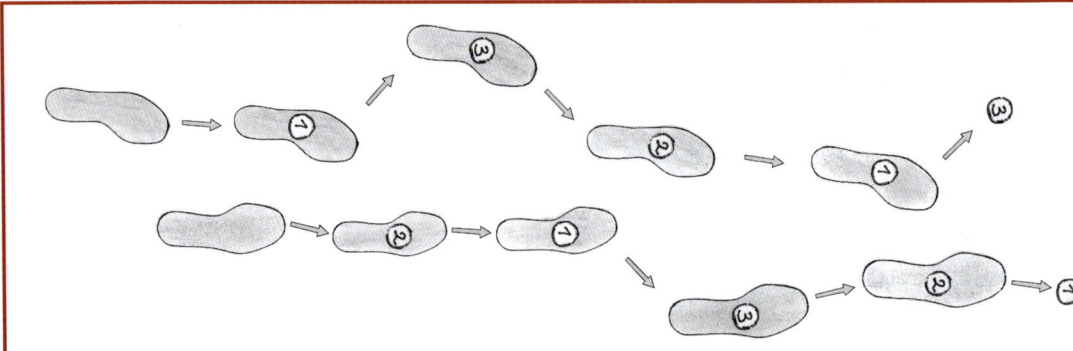

▌ *Abb. 24: Schrittübung mit Sidestep auf »3« während des Joggens. Diese Übung hilft, den Sidestep zu automatisieren.*

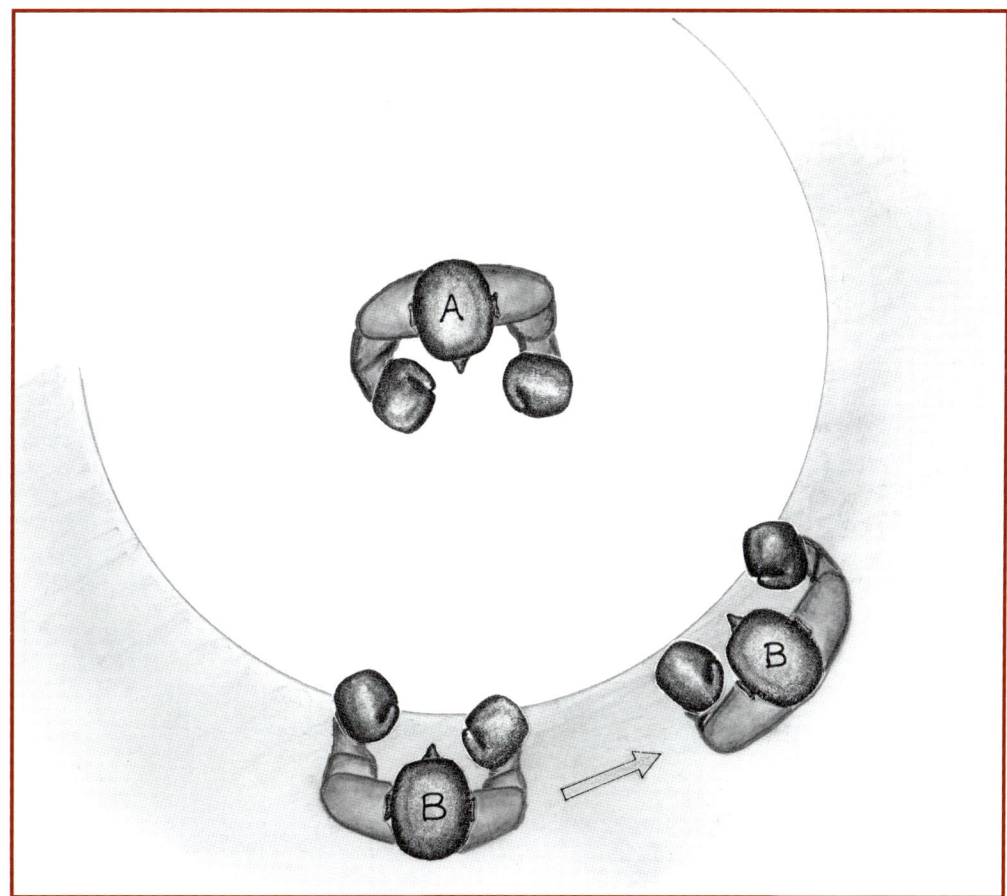

■ *Abb. 25: Der Sidestep bewegt den Boxer B auf einer Kreisbahn um den Boxer A.*

ner führt, muss der Fuß noch etwas nach innen gedreht werden, um wieder einen optimalen Stand zu haben.

Die Schrittfolge können wir beim Joggen üben, indem wir verfahren, wie in Abb. 24 gezeigt. Natürlich wird beim Boxen, wie schon betont, der Step durch das Schleifen über den Boden vollzogen und nicht als echter Schritt ausgeführt. Zum effektiven Rückschritt gehört ein fast schon instinktives Gefühl für die zu erwartenden Aktionen des anderen Boxers.

In Übung 4 auf Seite 23 hatten wir bereits einen Rückschritt vorgestellt. Wie dort beschrieben, nehmen wir zuerst den rechten Fuß zurück und ziehen kurz darauf den linken nach. Nach Möglichkeit muss der Rückschritt schon erfolgen, wenn der Gegner die Schläge startet. Auch hier sollten Sie Geduld haben, da sich dieses Gefühl erst mit ausreichender Erfahrung einstellt. Wiederum ist es Doppelweltmeister Sven Ottke, der diesen Rückschritt immer wieder vorbildhaft demonstriert, auch das danach anschließende Nach-vorne-Gehen und Kontern.

Das Kontern stellt letzten Endes ebenso eine Verteidigungsform dar, ist aber in der Regel in eine andere Abwehrtechnik (Ableiten, Abtauchen, u. a.) eingebunden. Die folgende ist sicher keine Aktion, die dem Publikum gefällt, aber in manchen Situationen werden Sie nicht vermeiden können, die Aktivitäten des Gegners durch **Klammern** und **Halten** zu unterbinden. Da Sie als Boxer nicht für »schönes Boxen« bewertet werden, sondern nur Treffen oder Getroffenwerden zählt, sollten Sie im Training auch das Klammern in dem Maße üben, in dem noch keine Ermahnung, geschweige denn eine Verwarnung ausgesprochen wird.

Wir bauen uns zur Festung aus

Zur Erlangung einer guten Verteidigungsfähigkeit gehört aber auch das Trainieren der Bauchmuskulatur (Übungen dazu folgen später), um die Empfindlichkeit gegen solche Treffer zu reduzieren, sowie die Stärkung der Hals- und Nackenmuskulatur. Unbedingt muss das Risiko verringert werden, dass Ihr Kopf bei Treffern entsprechende Beschleunigungen vollzieht. Durch die Verzögerung, mit der dann nach dem Schädel auch das Gehirn beschleunigt wird, entstehen in dem das Gehirn umgebenden Gewebe derart starke Dehnungen, dass darin befindliche Gefäße reißen könnten. Kopftreffer sind also besonders gefährlich, wenn der Getroffene durch vorangegangene Aktionen schon nicht mehr verteidigungsfähig ist. In Zeitlupen-Aufnahmen solcher Kämpfe kann man gut sehen, wie der Kopf nach einem wirkungsvollen Treffer förmlich wegkatapultiert wird und dabei Wege von bis zu 40 cm zurücklegt.

Dr. med. Wilhelm Funke schreibt in »Boxen und Gesundheit« (Deutscher Ärzte-Verlag, 1977) von drei Beschleunigungstypen, durch die der Schädel beschleunigt werden kann. Die Einteilung hängt davon ab, ob der Kopf in der Mitte oder mehr am Rand (z. B. Kinn) getroffen wird. Er sieht die Wichtigkeit der möglichst festen Verbindung von Kopf und Körper durch eine entsprechend kräftige Hals- und Nackenmuskulatur, da mit der Verbindung eine Erhöhung der zu treffenden Masse einhergeht. In Versuchen maß er eine Auslenkung des Kopfes von 1–2 mm, während, »wenn der Schädel von der Masse des Körpers entkoppelt ist«, Exkursionen von mehr als 4 cm möglich sind. In dieser Situation, etwa wenn ein Boxer groggy ist, reißen unter Umständen Brückenvenen und verursachen ein Hämatom.

Mit der durch das Training gestärkten Muskulatur muss ein häufiges Sparring verbunden werden, da man nur so das Reagieren auf die gegnerischen Schläge automatisieren kann. Das sofortige Anspannen, gerade der erwähnten Muskulatur, verhindert, dass der Schädel größere und damit gefährlichere Auslenkungen vollzieht.

Um die Bedeutung des Pendelns angemessen hervorzuheben, möchten wir diese Beweglichkeit abschließend zu dem Thema »Verteidigungsstrategien« noch einmal betonen. Kein Ziel ist besser zu treffen, als jenes, das starr und unbeweglich auszurechnen ist. Vermeiden Sie unbedingt, ein solches Ziel zu sein. Seien Sie immer in Bewegung, schwingen Sie seitlich hin und her, tauchen Sie den Meidbewegungen entsprechend ab, bewegen Sie sich zurück und sogar nach vorne, verändern Sie die Deckungshände, all dies erschwert es dem Gegner, Sie zuverlässig »ins Visier« zu nehmen. Sie sollten immer so viel Kondition in Reserve haben, dass Sie auch bei vielleicht durch Ermüdung fehlender Schlaghärte, wenigstens solche Verteidigungsaktionen aufrecht erhalten können.

Wir lassen Sie nicht links liegen

Ein paar unserer »Boxlehrlinge« werden als Linkshänder in das Training kommen und ebenso die richtige Boxtechnik erlernen wollen. Wie schon erwähnt, können wir vieles von dem, was wir schon erklärt haben, spiegelbildlich auch für Linkshänder verwenden. Jetzt möchten wir darüber hinaus ein paar Anregungen und Ideen liefern. Wenn wir als Trainer während der Anleitung von Boxtechnikübungen die Begriffe »linke« und »rechte Hand« durch »Führhand« und »Schlaghand« ersetzen, wird jeder Linkshänder bereits unmissverständlich mitüben können. Bei ihm ist die rechte Hand die Führhand, er steht daher rechts leicht nach vorne gedreht, und seine Linke ist die Schlaghand. Durch die häufigeren, rechtshändigen Gegner, kommt seiner linken Schlaghand noch die bedeutende Aufgabe zu, die rechte Schlaghand seines »Standard«-Gegners zu neutralisieren. Allerdings vollzieht diese einen längeren Weg, da bei beiden Boxern die Schlaghand »zurückgedreht« steht. Der Linkshänder zeigt mit seiner rechten, die Leber beherbergenden Seite nach vorne. Er muss daher lernen, nach den Führhänden sofort auch den Ellenbogen wieder vor seinen Körper zu nehmen, um dem Gegner Leberhaken, ausgeführt von dessen Linken, zu erschweren oder unmöglich zu machen. Er selbst hat natürlich die Schlaghand auf der richtigen Seite, um die Leber seines Kontrahenten zu treffen.

Linkshändern ist also zu empfehlen, auf das richtige Zurückziehen der rechten Führhand auch zum Körper zu achten und ihre linke Schlaghand in keinem Fall zu tief »hängen zu lassen«. Der Linkshänder hat den Vorteil, vor allem unerfahrene Gegner mit seiner spiegelbildlichen Auslage zu verwirren. Diese Situation sollte er selbstverständlich nutzen und einen kurzrundigen Sieg suchen. Schwerer wird es bei den Kontrahenten, die schon genug Erfahrung mit dieser Auslage haben.

Dementsprechend sollten Anfänger mit »Normalauslage« auch die Möglichkeit nutzen, mit Rechtsauslegern zu sparren. Die etwas erfahreneren Kameraden können im Sparring gelegentlich die Auslage wechseln, um so diese Trainingsmöglichkeit zu bieten, falls es an Linkshändern mangelt. Sehr überrascht ist mancher, wenn auf einmal links die Schlaghand als Gerade kommt (z.B. Wladimir Klitschko bei seiner Niederlage gegen Corrie Sanders am 8. März 2003). Das gleiche gilt für linke Kopfhaken und vor allem für linke Aufwärtshaken zum Kopf.

Wir erwähnten schon, dass oftmals die rechte Deckungshand etwas tief hängt – jetzt, im Kampf gegen einen Linkshänder, können wir uns das auf gar keinen Fall mehr erlauben. Beeindrucken wird uns auch die geringere Distanz der gegnerischen Führhand. Genau diese Nähe müssen wir als Rechtshänder nutzen. Dies fordert: Noch mehr schnelle Führhände schlagen, nach Möglichkeit auch immer wieder linke Kopfhaken, und dabei »falsch herum gehen«, wie es viele Trainer nennen. Wir laufen also diesmal von der Linken des Gegners weg, in die Richtung seiner Rechten. Natürlich müssen wir jetzt gut unseren rechten Ellenbogen vor der Leber sitzen lassen, da die meisten Linkshänder noch besser auf diese empfindliche Stelle treffen könnten. Mit unserer rechten Schlaghand versuchen wir keinen Zentimeter in der Reichweite zu verschenken, da das Ziel ein wenig entfernter steht. Dabei, wie schon eingangs gefordert, die rechte Hüfte gut mit vordrehen und den Arm ganz ausstrecken.

Wir hoffen, Sie sind als Linkshänder nicht sauer, wenn wir in diesem Buch häufig nur darauf verweisen, dass das, was wir Rechtshändern erklären, spiegelbildlich auch für Sie gilt.

Mit dem Hammer bohren?

Die Verwendung des Werkzeuges ist ein Kriterium bei der Beantwortung der Frage: »Wie zeigt sich Intelligenz?« So gelten Menschenaffen als intelligent (Wolfgang Köhler, »Intelligenzprüfungen an Menschenaffen«, 1973), weil sie Stangen als Hilfsmittel benutzen, um an hoch hängende Früchte zu gelangen, oder sich auch Kisten heranrücken, um sich selbst zur Überwindung der Höhe darauf zu stellen. Ich möchte bei uns Boxern noch ergänzend formulieren: Intelligent ist die Verwendung des richtigen Werkzeugs. So, wie wir mit dem Hammer nie eine Schraube eindrehen oder mit dem Gabelschlüssel ein Loch bohren wollen, benötigen wir unterschiedliche Strategien für unterschiedliche Gegner, wie es bereits im Abschnitt zu den linkshändigen Rechtsauslegern anklang. Dies wäre eine sehr ernst gemeinte Forderung an jeden Trainer, seinen Schützling entsprechend dem Charakter und der Art seines Gegners einzustellen. Auch dies lässt sich üben, wenn wir im Sparring die Kameraden verschiedene Rollen übernehmen bzw. spielen lassen. So sollten wir uns bei einem schlagstarken »Hauer« nie verleiten lassen, in einen bedingungslosen Schlagabtausch einzutreten.

Wählen Sie das richtige Werkzeug! Dies könnte heißen: Beweglichkeit und souveräne Technik. Ist ein Gegner größer und langarmiger als Sie, hat es keinen Sinn Distanzgefechte auszuführen, bei denen Sie ohnehin immer um eine Handschuhlänge unterlegen sind. Sie müssen lernen, die Distanz für Ihre Reichweite verkürzen zu können, um selbst zu treffen. Andererseits halten Sie einen kleiner gewachsenen, stämmigen Gegner mit langen Führhänden weg und versuchen ihn, ansatzlos mit der Schlaghand als Gerade oder Aufwärtshaken gegen den Kopf zu treffen. Geben Sie als Trainer Ihrem Boxer immer das richtige »Rezept« mit, damit er seine eigenen Stärken und die Schwächen des Gegners nutzen kann.

Einer der bekanntesten Niederschläge in der Geschichte des Boxens, der das Resultat einer bestens ausgenutzten Schwäche des Gegners war, dürfte der sein, den Max Schmeling am 19. Juni 1936 in seinem ersten Kampf gegen den legendären Joe Louis erzielte. Schmeling hatte vor dem Kampf sehr bescheiden auf die Frage geantwortet, ob er sich ernsthafte Chancen auf einen Sieg ausrechne: Er habe etwas gesehen. Das, was er sah, war die Voraussetzung für den damals vollkommen unerwarteten Sieg gegen den als absolut unschlagbar geltenden Joe Louis. Schmeling sah eine kleine Deckungslücke bei dem »braunen Bomber«, wie damals dessen Spitzname war. Und genau diese linke Deckungslücke nutzte er für eine lange rechte Gerade, um den »Bomber« vom Himmel zu holen.

Sie sollten als Boxer ebenfalls lernen, die Schwächen Ihrer Gegner zu erkennen und zu Ihrem Vorteil zu nutzen.

 ## Zusammengefasst

Mit der mentalen Voraussetzung, auch wirklich boxen zu wollen, setzen wir unsere Intelligenz ein, um mit seitlichen und aufwärts geschlagenen Haken, ebenso mit Geraden, zur richtigen Strategie zu finden. Die Empfindlichkeit an Kinn, Leber, Solarplexus und anderen Stellen nutzen wir für unsere Treffer, gleichzeitig müssen wir aber genau an diesen Stellen bei uns selbst eine zuverlässige Deckung aufbauen.

Konditionstraining

Das 350-PS-Auto mit dem 3-Liter-Tank

Stellen Sie sich vor, Sie wären ein exzellenter Boxtechniker, keine Schlagvariante fehlte in Ihrem Repertoire. Oder, Sie hätten eine ungewöhnliche, überdurchschnittliche Schlaghärte, der kein Ziel standhält. Aber Sie verfügen nicht über die für das Boxen notwendige Kondition. Andererseits könnten Sie sich noch vorstellen, Ihre Kondition reicht für zwei, drei Wettkämpfe am Stück, allerdings hilft Ihre Technik lediglich zum Gebrauch der Deckungshände und Ihre Schlaghärte würde auch einen Kampf ohne die polsternden Handschuhe zulassen. Trotzdem würde ich Ihnen in der zweiten Variante eine größere Chance einräumen, einen Kampf zu überstehen, oder gar zu gewinnen.

Die Voraussetzung für alle anderen Kriterien, die einen guten Boxer ausmachen, wird immer die Kondition sein. Die beste Technik hilft nicht, wenn wir nicht »die Luft« dazu haben, sie einzusetzen. Wie soll eine enorme Schlaghärte zum Sieg führen, wenn die Kondition fehlt, sie zu nutzen? Der Konditionsbedarf eines Boxers ist außergewöhnlich groß, da er ständig wechselnden Beanspruchungen ausgesetzt ist. Gefordert ist nahezu der ganze Körper, um immer die ausreichende Beweglichkeit, Schnelligkeit und Schlagfähigkeit einbringen zu können. Ein Boxer ist kein Langstreckenläufer, bei dem, falls Sauerstoffverbrauch und -Aufnahme in ein Gleichgewicht kommen, der Lauf dauern kann, bis der »Sprit alle ist« (die Kohlenhydrate). Der Boxer geht ständig, wie der Langstreckenläufer sagen würde, »eine Sauerstoffschuld ein« und muss diese während des Kampfes auch wieder ausgleichen.

Wer zum ersten Mal im Ring steht, wird bemerken, wie alleine die Konzentration (Sie erinnern sich vielleicht an unser Beispiel mit dem defekten Auto auf der Gefällstrecke) Kondition verschlingt, die ein Anfänger kaum aufbringen kann. Jetzt werden Sie dazu vielleicht noch getroffen, in der Bauchmitte – von der Leber wollen wir erst gar nicht reden –, und schon werden die 3 Minuten einer Runde (bei den Amateuren neuerdings 2 Minuten) zu einer schier endlosen Zeit. Wenn Sie jetzt noch versuchen, selbst zu schlagen, verstehen Sie, warum Sie »keine Fliege mehr von der Wand hauen können«. Ja, die Kondition ist die Grundlage für alle weiteren Aktivitäten. Wenn es an ihr fehlt, haben Sie kaum eine Chance – höchstens gegen einen ebenso schlechten Gegner – über die Zeit zu kommen.

Wir möchten aber dazu beitragen, dass Sie gute Kämpfe absolvieren, dies kann durchaus auch für einen verlorenen Kampf gelten, und deshalb möchten wir Sie »anflehen«: Bitte gewähren Sie dem Konditionstraining den nötigen Stellenwert

Warum ist es im Wald so schön?

Ein Boxer sollte regelmäßig laufen (joggen), aber er ist, wie erwähnt, kein Langstreckenläufer. Es bietet sich an, zur Entspannung und zum »Auftanken von Sauerstoff« in den Wald zu gehen und dort keine übertriebenen Strecken (bis ca. 8 km) zu rennen. Alis Trainer, Angelo Dundee, forderte von René Weller bei einem von dessen USA-Besuchen: »Boxer, lasse deine Kraft nicht im Wald«. Zusätzlich zu dem lockeren Joggen können wir uns natürlich ab und zu in den Wald begeben, um bewusst Konditionstraining durchzuführen, dies hätte aber mit den üblichen Waldläufen wenig zu tun. Dazu verändern wir regelmäßig das Tempo, um die erwähnte Sauerstoffschuld einzugehen. Sollte die Landschaft es zulassen, könnten wir zum Beispiel Steigungen zum Spurten verwenden, um dann auf der Geraden wieder locker auszulaufen.

Egal, ob mit oder ohne Steigungen, sollten die Spurtphasen etwa 1 Minute nicht übersteigen, in denen wir aber wirklich »alles« geben. Autor Herfert, der das Glück hat, in der wunderschönen Randregion der Schwäbischen Alb zu leben, nahm bei Steigungen seinen damals mitjoggenden, 8-jährigen Sohn quer auf den Rücken, um mit ihm bergauf zu spurten (der Labrador-Mix »Rocky«, dem die Widmung auf Seite 4 zugedacht ist, lebt bei Autor Herfert, stammt aus dem Tierheim und ist ansonsten Herferts treuester Jogging-Gefährte). Die häufigsten Übungen bieten sich aber in ihrer Durchführung in der Halle an und werden folgend beschrieben.

▌ *Abb. 26: Das gleichzeitige Werfen mit zwei Medizinbällen.*

Übung 27:

Kondition und Konzentration

Bei dieser Partnerübung verwenden wir einen großen, schweren und einen kleinen, leichteren Medizinball. Wir stehen uns in etwa 3 Meter Abstand gegenüber und schmeißen auf das Kommando: »Und los«, gleichzeitig. Damit die Bälle nicht zusammenstoßen, wird der kleinere Ball in einem leichten Bogen (siehe Abb. 26) und der schwere Ball nahezu waagrecht geworfen (dieser fast gestoßen). Außer der hohen Wurfhäufigkeit kommt die Anforderung an die Konzentrationsfähigkeit hinzu, um jeweils den Ball wieder auf der richtigen Bahn zurückzuwerfen.

Übung 28:

Kondition durch Liegestütze

In der Gruppe wird ohne Rundenpause Schattenboxen durchgeführt, bei dem der Trainer seine Schützlinge immer wieder auf-

serer Boxer zu werden. Nicht jede Erschwernis ist daher sinnvoll. In diesem Zusammenhang fällt mir eine Frage von René Weller ein, die er mir im Gespräch zum Thema Boxtraining stellte: »Glaubst du, Max, wenn du lernst mit einem Gewehr mit krummem Lauf zu schießen, dass du dann besser mit einem normalen treffen wirst?« Sicher nicht! Daher müssen wir genau prüfen, ob die Übungen eine Gewähr bieten, dass sich unsere Schützlinge wirklich verbessern können. René empfahl darüber hinaus, auch in Hinblick auf das Konditionstraining, bei jeder Art von Trainingsgestaltung (Sandsack, Schattenboxen, u. a.) immer am Ende jeder Runde das Tempo zu steigern und z. B. beim Sparring am Ende auch die Tempo-Treffer zu setzen.

Abschließend möchten wir noch ein sechs Stationen umfassendes Circle-Training beschreiben, das wir in dem im Vorwort erwähnten Trainingsraum regelmäßig praktizierten. Die Zahl und Art der Stationen kann natürlich davon abweichen.

Übung 31:

Intervall-Training

Wir trainieren an 6 Stationen jeweils 1 Minute unter dem Einsatz unserer vollen Leistungsfähigkeit und machen dazwischen immer 1 Minute Pause. Unsere Stationen sind: am Sandsack Geraden aus der Kopfdeckung schlagen; mit kleinen Handhanteln am Spiegel ebenso aus der Kopfdeckung schattenboxen; am Schlagwandpolster erneut durchschlagen; auf dem Rücken liegend, auch wieder aus der Kopfdeckung heraus mit 2-kg-Hanteln hochstoßen; am Uppercut-Sandsack, wie zuvor, durchschlagen; im Abstand von etwa 2 Metern mit dem Medizinball 10-mal links, 10-mal rechts, und so weiter, ganz explosiv aus der Boxgrundstellung einem Schlag entsprechend gegen die Wand werfen. Nach 3 Durchgängen haben wir 18-mal eine Minute absolviert, danach fügen wir 1 Runde Seilspringen wie in Übung 30 an und nach 30 Sekunden Pause schlagen wir 10-mal 10 Sekunden schnelle, explosive Geraden in die Luft, mit jeweils 10 Sekunden Pause.

Wichtig ist immer, dass jeder Trainierende wirklich mit hohem Tempo alles gibt und dass die einminütigen Pausen genutzt werden, dass alle Vorbereitungen, wie Gerätehandschuhe anziehen oder Gewichte in die Hand nehmen, abgeschlossen sind, damit auch jeder sofort anfangen kann, wenn die neue Runde startet.

Die Trainer sollten je nach dem Trainingsstand ihrer Schützlinge darauf achten, dass ihr gefordertes Pensum leistbar ist, um zu verhindern, dass ihre Boxer sich »durchmogeln«. So kann es durchaus sinnvoller sein, beispielsweise beim Durchschlagen am Sandsack oder einem ähnlichen Trainingsgerät auch einmal nur 20 Sekunden vorzugeben, wenn die 60 Sekunden sowieso keiner packt, oder sie nur durch kurzzeitig eingelegte »Schongänge« vorgetäuscht werden. Wenn Ihr Schützling 15 Sekunden mit fast 100 % Einsatz durchhält, wählen Sie maximal 20 Sekunden als Aufgabe. Erst wenn die Leistungsfähigkeit gewachsen ist, erhöhen wir auf 40 oder 60 Sekunden.

Für die Psyche der Boxer ist dies genauso wichtig. Stellen Sie die Aufgaben so, dass sie mit viel Einsatz immer lösbar sind. Sie vermeiden auf diesem Wege bei den Trainierenden Frustrationen, die gewiss für ein erfolgreiches Training nur hinderlich sind. Gönnen Sie stattdessen Ihren Boxern Erfolgserlebnisse, die zur Leistungssteigerung motivieren. Wir können dann »die Latte höher legen«, wenn zu einem späteren Zeitpunkt das »Überspringen« wahrscheinlich geworden ist.

 Zusammengefasst

Der Konditionsbedarf eines Boxers ist enorm groß, da die Beanspruchungen an ihn mit ständigen Intensitätswechseln verbunden sind. Von Phasen der Ruhe bis zum 100%igen explosiven Einsatz seiner Kräfte, in kürzesten Zeitspannen, wird alles verlangt. Da nur ein sportspezifisches Training die gewünschten Fähigkeiten schafft, müssen wir zum Aufbau der Kondition ebenso ständig die Trainingsanforderungen in der Intensität und Schnelligkeit ändern. Die Phasen maximaler Anstrengung sollten aber nie 1 Minute überschreiten.

Die Geräte und ihre Nutzung

Geh' mir nicht auf den Sack!

»Punktball und Punchingball, die man noch häufig in den Sporthallen findet, sind mehr zum Schaden als zum Vorteil für den Anfänger, da sie zu nicht boxmäßigem Schlagen verleiten. Das rhythmische Prasseln der Punchingbirne wirkt auf den Zuschauer zwar imponierend und gekonnt, stellt aber nur eine gymnastische Übung dar, deren Beherrschung viel Zeit in Anspruch nimmt« (Ludwig Reithmayer, in: *Boxen, aber richtig!* Minden). Reithmayers Einschätzung, die wir originell finden, teilen wir zwar nicht ganz, doch ist sicher zu überlegen, welche der angebotenen Boxgeräte für das Training von Nutzen sind und in welcher Art. Gewiss werden Geräte verwendet, deren Sinn wenig hinterfragt wird. Unser Bemühen wird es sein, Ihnen die Trainingshilfen so vorzustellen, dass Sie entsprechend der Vorzüge und Nachteile der einzelnen Geräte Ihre Auswahl selber treffen können.

Vor der Arbeit an diesen Geräten müssen wir unsere Hände bandagieren, um sie vor Verletzungen zu schützen. Zur Haupt-

▌ *Abb. 28: Der »Uppercut«-Sandsack.*

sache werden drei Bereiche mit der Bandage stabilisiert: Das Handgelenk, um es vor dem Umknicken zu schützen, die in Abbildung 6 auf Seite 22 dargestellte Knöchelkante und der Daumen, um ihn später beim Boxen ebenfalls vor einem leicht möglichen Abknicken beim Hängenbleiben am Gegner zu bewahren. Über die Bandagen ziehen wir die Gerätehandschuhe, die in ihrer Größe und ihrem Gewicht an etwas gröbere Arbeitshandschuhe erinnern. Die für das Sparring vorgesehenen Handschuhe (meist 12 Unzen) sind ungeeignet, da sie wegen ihrer Größe und dem damit verbundenen Hebel das Risiko des Abknickens im Handgelenk noch erhöhen. Außerdem gehen sie bei dieser Beanspruchung zu schnell kaputt und ihre Polsterung wird nach und nach für das Sparring zu dünn. Zu den Gerätehandschuhen, die es in einfacher Version zum Hineinschlüpfen bis hin zu Modellen gibt, die mit Klettband verschließbar und mit Gewichtsmanschetten ausrüstbar sind (G. Meier-Modell von Erhard-Sport), wird häufig auch Ballhandschuh gesagt.

Mit geschützten Fäusten können wir nun an den Geräten loslegen. Dabei wird für Boxer der Sandsack (siehe Abb. 28) die größte Rolle spielen. Sandsäcke gibt es in unterschiedlichen Größen (ca. 50 bis 150 cm) und dementsprechend mit verschiedenen Gewichten. Neuerdings werden auch sogenannte »Uppercut«-Sandsäcke angeboten, die unten nach einer Seite eine Abschrägung aufweißen, damit sich Aufwärtshaken besser üben lassen. In einem guten Trainingsraum sollten möglichst verschiedene Größen und Arten aufgehängt sein, um zunächst den unterschiedlich großen, bzw. verschieden alten Boxern die passenden Möglichkeiten anzubieten, dann aber auch, um in der Trainingsart variieren zu können. Der Sandsack ist das Gerät, an dem wir am effektivsten unsere Schlaghärte steigern können. Natürlich nur dann, wenn wir, wie eingangs gefordert, die maximale Schlagschnelligkeit erreichen. Das Pendeln des Sackes imitiert teilweise die Bewegung unseres fiktiven Gegners –, so können wir versuchen, zu kontern, wenn er entgegenschwingt, wir können nach einem Sidestep kontern, durch die Länge eines großen Sandsackes können wir sowohl Körperschläge als auch Kopftreffer anbringen, wir üben das Weggehen »von der Schlaghand« des Gegners, indem wir uns, sollte der Gegner für den wir trainieren, Rechtshänder sein, überwiegend nach rechts um den Sack bewegen. Wenn uns fehlende Kondition einschränkt, halten wir wenigstens die Deckung hoch, bewegen uns weiter um den Sandsack herum und reduzieren nur die Häufigkeit der Aktionen. Wenn wir schlagen, dann aber mit maximaler Schnelligkeit und Härte. Wir lernen so, die zu erwartende Rundendauer (2 Minuten bei den Amateuren, 3 Minuten bei den Profis) durchzuhalten. Wenn wir am Sandsack Kombinationen, z. B. von Aufwärts- und seitlichen Kopfhaken üben, müssen wir aufpassen, ob sich in der Schlagabfolge durch das Wegpendeln des Sackes Verzögerungen ergeben. Wenn wir kurz warten müssen, bis der Sack wieder in Trefferreichweite ist (auch wenn es nur eine halbe Sekunde dauert), ist dies für diese Übung das falsche Gerät, da wir uns diese kurze Verzögerung dann auch im Schlagen angewöhnen.

Die Trainer sollten auch kontrollieren, ob ihre Schützlinge an den Geräten die Deckungshände vor den Kopf halten. Die Tatsache, dass der Sandsack (wie auch jedes andere Gerät) nicht zurück schlägt, verleitet manchen Boxer, die Deckung zu vernachlässigen. Die *Vorzüge des Sandsackes* bestehen in:
- der Steigerung der Schlaghärte
- der Steigerung der Kondition
- der Verbesserung der Fähigkeit zu Kombinationen
- der Verbesserung des Distanzgefühls.

Von Polstern und Birnen

Das (Schlag-) Wandpolster (siehe Abb. 29) bietet ähnliche Möglichkeiten, ist aber durch das fehlende Wegpendeln zum Einstudieren von Körper-Kopf-Kombinationen gegenüber dem Sandsack vorzuziehen. Den früheren, relativ flachen Wandpolstern sind die heutigen, eher wie ein Pyramidenstumpf aussehenden Polster überlegen, da sie sehr gut auch seitliche und Aufwärtshaken zulassen. Allerdings fehlt wieder das Pendeln eines Sandsackes und verlangt daher natürlich deutlich weniger Beweglichkeit mit den Beinen.

Geradezu zum »Laufen« fordert die Maisbirne heraus (siehe Abb. 30), die etwa kopfgroß an einem Seil oder einer Kette aufgehängt ist. Sie pendelt wesentlich mehr als der Sandsack und fordert alleine so schon viel Beweglichkeit. Zum Entstehen des Distanzgefühles ist sie sicher das wichtigste Gerät. Dabei versuchen wir, wie schon einmal erwähnt, so zu treffen, dass sie sich kaum vom Platz bewegt. Wir haben dann die Rückmeldung, dass unser ausgestreckter Arm genau der gewünschten Distanzüberwindung entsprach, wenn wir die Maisbirne gerade noch berühren, ohne sie in Bewegung zu setzen.

Sie erinnern sich vielleicht an die Notwendigkeit zum Erlernen des Distanzgefühles, da unsere maximale Schlaghärte im Augenblick maximaler Beschleunigung (hier kommt es wirklich auf einen Zentimeter an!) gegeben ist –, und die findet kurz vor dem Ende der Schlagausführung statt. Daher liegen die Vorzüge der Maisbirne genau in diesem Punkt und der Aufforderung an den Trainierenden, sich viel zu bewegen. Wie schon der Sandsack, ist sie natürlich gut geeignet, neben Kontern mit ansatzlosen Schlägen das Abtauchen und andere Verteidigungstechniken zu lernen. Nachteilig bleibt die fehlende Körpertreffer-Möglichkeit. Eine große Hilfe für die Boxer ist auch ein entsprechend bemessener Spiegel. Oft schon glaubten mir die Boxanfänger nicht, dass beim Schattenboxen ihre linke Führhand nach der Schlagausführung einen Umweg

■ *Abb. 29:*
Das Schlagwandpolster.

■ *Abb. 30:*
Die Maisbirne.

nach unten über die Brusthöhe machte. Im Spiegel konnten sie es selbst sehen und zweifelten nicht mehr an meiner Kritik. Für jede Korrektur ist selbstverständlich das Erkennen des Fehlers eine notwendige Voraussetzung.

Jetzt kommt die Musik

Der vorher von Reithmayer erwähnte Punchingball wird auch unter den Bezeichnungen »Plattformbirne (-ball)« und »Speedball« (siehe Abb. 31) in vielen Trainingsräumen verwendet. Wir würden diesem Gerät allerdings eine Verbesserung der Treffgenauigkeit, der Konzentrationsfähigkeit, vor allem aber der Fähigkeit, die Hände für die Dauer eines Wettkampfes oben zu halten, zugestehen. Viele Anfänger begehen den Fehler, dass sie viel zu fest gegen den Ball dreschen. Sie können durch das schnelle Reagieren der Birne nie ein zweites Mal auf sie treffen. Ich empfehle meinen Schützlingen immer, die aus der Musik bekannte Triole im Kopf zu ha-

❚ *Abb. 31: Die Plattformbirne.*

ben. Eine Triole besteht aus 3 Schlägen auf eine Zählzeit von z. B. einer Viertel-Note. Der erste Schlag ist betont. Wenn wir diesen Rhythmus im Kopf haben, wissen wir, dass wir immer auf die »Eins« schlagen, und hören dann die Anschlaggeräusche der Birne als »Zwei« und »Drei«. Dies erlaubt, wenn wir das Tempo noch sehr moderat halten, in einen gleichmäßigen Rhythmus zu kommen, bei dem wir abwechselnd zweimal mit der Rechten und zweimal mit der Linken schlagen (andere Aufteilungen sind auch möglich). Erst wenn der Rhythmus gleichmäßig gelingt, erhöhen wir langsam das Tempo. Seien Sie nicht enttäuscht, wenn es vielleicht zwei, drei Monate dauert, bis das »Prasseln der Punchingbirne« (Reithmayer) hörbar wird (die meisten erhältlichen »Speedballs« sind leider zu groß und reduzieren den denkbaren Trainingseffekt).

Auch der etwa tennisballgroße Punktball ist ein Gerät, das zur Verbesserung der Treffgenauigkeit führt. Allerdings muss hinsichtlich der eingangs erwähnten Kritik gefordert sein, dass bei der Aufteilung der Trainingszeit für die verschiedenen Geräte unbedingt dem Sandsack, der Maisbirne, dem Schlagwandpolster (in dieser Reihenfolge) der Vorzug gegenüber »Speedball« und Punktball gegeben werden muss. Bei dem Federball (Federbirne) und dem Doppelendball fehlt uns allerdings das Verständnis für den in der Literatur erwähnten trainingsbezogenen Nutzen. Die Betätigung daran erscheint uns zu boxfremd – sie ähnelt eher einer Geschicklichkeitsübung, als dass wir irgendeinen boxspezifischen Trainingserfolg erwarten könnten. Beide Geräte stammen vielleicht aus dem Kinderzimmer, in dem ein Sandsack zu schwer zum Aufhängen wäre.

Wir tauchen ab

Bei meinem Freund Bernd Friedrich sah ich zum ersten Mal die sogenannte »Abtauchschnur«. Diese hilft, den Bewegungsablauf, nach einer Geraden des Gegners abzutauchen und mit einer konternden Geraden wieder hochzukommen, zu automatisieren. Ich übernahm sie in unseren Trainingsraum, indem ich zum Wechseln der Höhe auf jeder Wandseite 4 Haken einschraubte, in die man die ca. 4 Meter lange Schnur unterschiedlich hoch einhängen konnte.

In der Literatur sind auch die Pratzen bei den Geräten miterwähnt, die eine wichtige Übungsmöglichkeit beim Einstudieren von Kombinationen, einschließlich Verteidigungsaktionen, bieten. Zuerst von Charlampijew 1922 vorgestellt, dienen diese mit Trefferflächen versehenen Handschuhe dazu, dem Boxer ein bewegtes Ziel anzubieten. Der die Pratzen tragende Trainer sieht sofort die Deckungsschwächen seines Athleten oder sonstige Fehler und kann diese gleich ansprechen. Weiterhin fördert dieses Training intensiv die Reaktionsschnelligkeit. Die Arbeit mit den Pratzen sollte in der Zeitplanung des Trainings einen großen Platz einnehmen. In der Literatur mit Recht auch Handpolster genannt, finden sich die eher unsinnigen Bezeichnungen »Tatze«, oder schlimmer »Pratsche«, was in keinem Wörterbuch zu finden ist.

Letzten Endes kann man zu den Geräten auch den Medizinball hinzuzählen, der ja beim Boxtraining mehrfach Einsatz findet, wenn ihn z. B. der Partner einem Schlagpolster gleich vor sich hält und so dem Trainierenden eine Trefferfläche bietet. Auch hier bleibt der Vorteil, dass das Ziel in Bewegung ist. Ich gehe dabei oft bewusst auf die Boxer zu, um sie zu Defensiv-Strategien zu bewegen oder ändere immer wieder die Bewegungsrichtung nach links oder rechts.

Die Wandhaspel (zum Trainieren der Unterarmmuskulatur) ist sicher ein gutes Trainingsgerät, gehört aber trotz der Erwähnung in manchen Büchern nicht direkt zu den boxspezifischen Geräten – sonst müssten wir auch hier Hantelbank, Klimmzugstange und andere Trainingshilfen aufzählen.

 Zusammengefasst

Die Auswahl der Trainingsgeräte muss unbedingt boxspezifisch erfolgen. Den Trainierenden sollte klar sein, welche Übungen an welchen Geräten am sinnvollsten durchgeführt werden. Noch immer zählen Sandsack, Schlagwandpolster, Maisbirne, Spiegel und Speedball zu den wichtigsten Trainingshilfen.

Gymnastik für Boxer

Hier geht's um die »Muckies«

Die gymnastischen Übungen für Boxer unterscheiden sich, unserer Einschätzung nach, hinsichtlich ihrer Zielsetzung in drei Gruppen. Die erste umfasst solche Übungen, die zum Aufwärmen und Auflockern der Muskulatur dienen und die gesamte Beweglichkeit verbessern sollen. Ihnen kommt natürlich neben dem Einstieg in das normale Training vor allem eine große Bedeutung zu, wenn sie zum Aufwärmen vor einem Wettkampf gedacht sind. In der zweiten Gruppe sind solche Übungen vorgeschlagen, die zum Ausklang des Trainings zur Lockerung und Entspannung helfen sollen. Die dritte Art von Gymnastik könnte man auch als »Kraftgymnastik« bezeichnen, da sie eine gymnastische Form von Krafttraining darstellt. Wie schon an verschiedenen Stellen im Buch betont, gehen wir davon aus, dass die Trainer bereits ein umfassendes Wissen über gute Trainingsinhalte, so auch von gymnastischen Übungen besitzen. Wir werden uns daher, wie auch bei der Anzahl der noch vorzuschlagenden Kombinationen und Schlagserien, auf ein paar Anregungen beschränken, von denen wir annehmen, dass sie in keinem Training fehlen sollten.

Die während dem Boxen vorrangig beanspruchten Muskeln sind bei der Schlagausführung am Oberarm der Strecker (Trizeps), bei Haken auch der Beuger (Bizeps) und die direkt damit beteiligten Muskelgruppen der Schulter und der Brust. Zum Teil spielt auch die Muskulatur des Rückens eine wichtige Rolle. Wir erwähnten auf Seite 66 die Bedeutung der Bauch- und Hals-/Nackenmuskulatur zum eigenen Schutz, hinzu kommt die Wichtigkeit der Beinmuskulatur für eine flinke Beweglichkeit. Zur starren Verbindung von Unterarm und Hand benötigen wir eine kräftige Unterarmmuskulatur (Wandhaspel) und zum Drehen und Pendeln des Oberkörpers entsprechend geschulte Muskeln in den Bereichen Hüfte, Rücken und Seite. Hier sind jetzt aber nur die wichtigsten genannt, zur Aufzählung aller für den Boxsport benötigten Muskeln reicht der Platz nicht.

Generell sollten wir vorab ein paar Dinge wissen und beachten. Unsere Muskeln bewegen fast immer, von der Körpermitte ausgehend, das nach außen folgende Körperglied. Der gesamte Arm wird demnach von Muskeln des Rückens, der Schulter und der Brust bewegt, die Oberarmmuskulatur bewegt nur noch den Unterarm mit der Hand, und die Hand, sogar der Großteil der Finger, finden den Ursprung ihrer Bewegung in der Muskulatur des Unterarmes. So wird dann auch die schon erwähnte (»nicht entkoppelte«) Verbindung von Körper und Kopf durch die Muskulatur des Rückens, der Brust und sogar des Bauches gewährleistet.

Daneben dürfen wir nicht vergessen, dass sich unsere Muskulatur unterscheidet in Bewegung ausführende Muskeln (mit kurzen, kräftigen Kontraktionen) und Haltemuskeln (mit lang andauernden Kontraktionen), die beide unterschiedliche Trainingsstrategien verlangen.

Wie an anderer Stelle schon herausgestellt, sind die Trainingsauswirkungen (-erfolge) sehr spezifisch. So wird zwar ein Kugelstoßer vor allem die wichtige Verbindung von rechtem Fuß zum Boden während der Schlagausführung halten und eine großartige Schulter- und Armmuskulatur mitbringen, aber als Boxer wird er nicht automatisch erfolgreich sein. Daher sollte immer wieder darauf geachtet werden, dass jeder Trainingsinhalt den geplanten Sport – in diesem Fall das Boxen – zum Ziel hat. Wir müssen wissen, dass für solche Muskelgruppen, wie zum Beispiel die Bauchmuskulatur, eine Vielzahl von Übungen notwendig sind, um sie halbwegs komplett trainiert zu haben. Neben der Schutzfunktion der Bauchmuskeln für verschiedene Organe, die sich »hinter« ihnen verbergen, kommt noch ein Sachverhalt hinzu, der auch eine Auswirkung auf die Psyche des Boxers hat. Eine ausreichend kräftige Bauchmuskulatur verleiht uns, mehr als jeder andere starke Muskel, das Gefühl, kräftig und »unbesiegbar« zu sein. »Die Kraft kommt aus der Mitte des Körpers«, beschrieb einst ein älterer Trainer diese Wichtigkeit. Deutlich wird dies auch in umgekehrtem Sinne – vielleicht erinnern Sie sich daran – wie »schwach« wir uns fühlen, wenn uns einmal eine Durchfallerkrankung plagt. Und zuletzt darf auch nicht vergessen werden, dass ein Muskel vereinfacht gesagt nur dann kontrahieren kann, wenn er zuvor auseinandergezogen (gedehnt) wurde. Eine verspannte und verkrampfte Muskulatur kann keine schnelle und effektive Kontraktion und damit auch keine schnelle und effektive Bewegung erzeugen, auf die wir doch beim Boxen mehr als angewiesen sind.

Anschließend sei noch erwähnt, dass sich ein Muskel nicht alleine dehnen kann. Er benötigt immer einen Gegenspieler (Antagonisten), der durch seine Kontraktion die Dehnung übernimmt. So arbeiten immer »Beuger« und »Strecker« an einem Gliedmaß als Partner miteinander.

Wir lassen den Motor warmlaufen

Übung 32:

Aufwärmen

Zum Aufwärmen sollten wir die einzelnen Phasen der Gymnastik relativ kurz halten, sie häufig variieren und nie zu dem Gefühl gelangen, dass wir Kraft verbrauchen. Zwischendurch werden wir immer wieder dehnen. Eine Aufwärmgymnastik, gerade auch in Hinblick auf einen unmittelbar bevorstehenden Wettkampf, könnte folgendermaßen ablaufen: Wir stehen mit geschlossenen Füßen und beginnen auf den Fußballen mit abwechselnd nach rechts und links gedrehten Fersen locker so auf einer Stelle zu springen, dass die Hüfte dabei mitgedreht wird. Den Oberkörper bewegen wir nicht mit. Nach 30 Sekunden stoppen wir, nehmen die Hände an die Taille und kreisen im Stand mit der Hüfte. Nach weiteren 30 Sekunden springen wir wieder, um danach mit der Hüfte in die andere Richtung zu kreisen. Anschließend verbinden wir mit im Stand vorgedrehter linker und rechter Schulter leichte gerade Schläge mit den gleichseitigen Armen.

Nun suchen wir uns einen Türrahmen oder einen Mauervorsprung und dehnen daran abwechselnd beide gestreckte Arme, eigentlich die Muskulatur der Brust und der Schulter. An Türrahmen können wir auch die nach oben gestreckten Arme dehnen. Der Muskel, der zuvor die Arbeit leistete, wird jetzt wieder »geladen«. Zählen Sie dabei pro Arm in Gedanken bis 15.

▋ *Abb. 32: Gymnastik-Übung zur Lockerung der Hüftmuskulatur.*

Nun wiederholen wir das Springen und das Hüftkreisen vom Anfang. Anschließend kreisen wir mit den Schultern zuerst einzeln
abwechselnd nach vorne, dann nach hinten, im Anschluss beid-
seitig geschlossen nach vorne und ebenfalls danach nach hinten.
Jede Übung dauert wieder 30 Sekunden und die Arme werden als
»Gewichte« für die Schultern einfach mitgezogen. Nach einer kurzen
Lockerungspause kommt erneut das Springen mit Hüftvordrehen.
Nun nehmen wir die Arme eingewinkelt in Schulterhöhe (siehe Abb.
32) und drehen mit den Ellenbogen rechts und links nach hinten.
Nach 30 Sekunden öffnen wir abwechselnd den rechten und linken
Arm während dem Drehen und nach weiteren 30 Sekunden voll-
führen wir die Drehung in der gleichen Dauer mit gestreckten Armen.
Erneut lockern und dehnen wir und boxen danach Führhand-
Schlaghand-Führhand-Kombinationen, – eine Idee härter als zuvor.
Nach 30 Sekunden wird noch einmal, wie zuvor beschrieben, gedehnt. Nun beugen wir den Oberkörper nach vorne, hängen locker
die Hände unter die Knie und dehnen die untere Rückenmusku-
latur und den (hinteren) Oberschenkelbeuger. Nun führen wir mit

dem Kopf Drehbewegungen nach links und rechts und Nickbewegungen von vorne nach hinten aus. Zwischendurch machen wir 5 Liegestütze und schlagen erneut, allerdings etwas schneller, linke und rechte Geraden. Jetzt kommen auch Aufwärts- und Seitwärtshaken hinzu. Nach jeweils einer Minute für die letzten 4 Übungen wird wieder gedehnt und anschließend 30 Sekunden gelockert. Zwischendurch springen wir wieder, wie zu Beginn, scheren danach die Arme abwechselnd in der Waagerechten vor uns übereinander und bewegen sie gestreckt nach hinten.

Je nach Trainingsstand und der zu erbringenden Leistung wiederholen wir die eine oder andere Übung. Zur Kampfesvorbereitung reichen zwischen 20 und 30 Minuten; für das Training müssen wir wegen der meist begrenzten Trainingszeit mit 15 bis maximal 20 Minuten auskommen, können allerdings bei allen Übungen mehr Kraft einsetzen.

Liegestütze bis zum Abwinken

Dient die Gymnastik dem Konditions- und Kraftaufbau, werden wir die Zahl der Wiederholungen deutlich erhöhen. Bewusst nehmen wir uns einen bestimmten Bereich unserer Muskulatur für das Training vor, um diesen intensiv zu üben. Streifen wir mit einer abwechslungsreichen Gymnastik alle Muskelbereiche nur kurz – was ja zum Aufwärmen sinnvoll ist, erreichen wir nicht die Reizschwelle, nach deren Überschreiten der Körper erst mit einem anpassenden Muskelaufbau reagiert. Eine der besten Übungen für Boxer ist nach wie vor der Liegestütz. Teilweise wird er etwas »schludrig« ausgeführt, wodurch es dann unbedeutend bleibt, welch hohe Stückzahlen dabei herauskommen. Wir meinen die Kandidaten, die im Stütz lediglich ein wenig mit dem Hintern wippen, ohne die Arme dabei erkennbar einzuknicken.

Versuchen Sie also den Stütz so auszuführen, dass Sie jeweils nur fingerbreit mit der Brust vom Boden entfernt sind, wenn Sie zuvor nach unten gingen. Der Körper ist dann absolut waagerecht und parallel zum Boden. Hierzu muss der Kopf gehoben werden, wodurch der Blick nach vorne und nicht nach unten gerichtet ist. Sonst verhindert das im Wege befindliche Gesicht etwa 10 cm

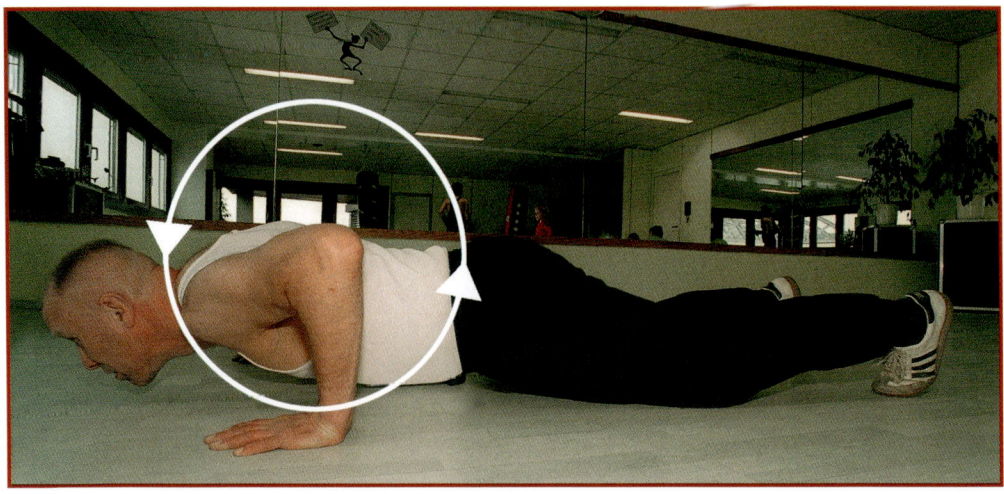

▌ *Abb. 33: Die »rollende« Liegestütze vorwärts (oben) und rückwärts (unten).*

Weg. Die Hände sind üblicher Weise auf der Höhe der Schultern am Boden aufgestützt.

Probieren Sie einmal, die Hände knapp unter Brusthöhe aufzustützen – schon kommt es Ihnen vor, als hätten Sie diese Übung noch nie gemacht. Wir können für die Ausführung auch eine Hand über Schulterhöhe stellen und die andere auf Nabelhöhe. In der nächsten Übung vertauschen wir dann die linke und rechte Position. Weiterhin verändern wir die Richtung des Schubes auf die Arme, wenn wir unsere Fußspitzen zunächst auf eine kleine Bank stellen, und später die Position der Füße an der Sprossenwand erhöhen.

»Rollende« Liegestütze nach vorne und hinten (siehe Abb. 33) ergänzen die Möglichkeiten und die Kräftigen unter uns können die Liegestütze auch mit einem Arm ausführen. Wichtig ist ebenso das explosive Hochstützen, bei dessen Ausführung wir kurz in die Hände klatschen, bevor wir erneut nach unten gehen.

Alle Liegestütze fordern sehr stark die komplette Schultermuskulatur, aber auch die der Brust und der Arme. Sogar der Bauch muss angespannt bleiben, damit wir nicht »durchhängen«. Weiterhin benötigen wir die Muskeln des Rückens, des Pos und der Beine.

»Rollende« Liegestütze können pro Satz zunächst 12 absolviert werden, das Gleiche gilt für die Liegestütze, bei denen die Hände nach oben und unten versetzt werden. An »normalen« Liegestützen sollten 25 gepumpt werden und an »Klatsch-Liegestützen« pro Satz 6. Wir erwähnten schon im Zusammenhang mit dem Konditionstraining die Abwechslung in der Anzahl der Wiederholungen, zur Kraftgymnastik können wir nun an die maximale Grenze bei der Stückzahl gehen.

Aufbau der Bauchmuskulatur

Ebenso wichtig ist der Aufbau der Bauchmuskulatur. Die schonendste Übung für die Wirbelsäule ist in Abb. 34 dargestellt. Wir ziehen auf dem Rücken liegend die Knie an und nehmen die Hände in den Nacken. Wir heben den Oberkörper und berühren pro Satz mit den Ellenbogen 25-mal gleichseitig die Knie. Sechs dieser Sätze wechseln wir mit folgenden zwei ab: »Über Kreuz« berühren wir 12-mal mit dem rechten Ellenbogen das linke Knie, weichen zurück und führen den linken Ellenbogen zum rechten Knie. Danach kommen wir ebenso oft gleichmäßig mit den Schultern hoch und berühren durch eine Drehung links/rechts, diagonal die Knie.

Bei allen folgenden Übungen ist unbedingt darauf zu achten, dass immer der Bereich der Lendenwirbelsäule fest am Boden bleibt und auf gar keinen Fall ein »Hohlkreuz« gemacht wird. So können wir auch Übungen durchführen, die zwar zwischenzeitlich

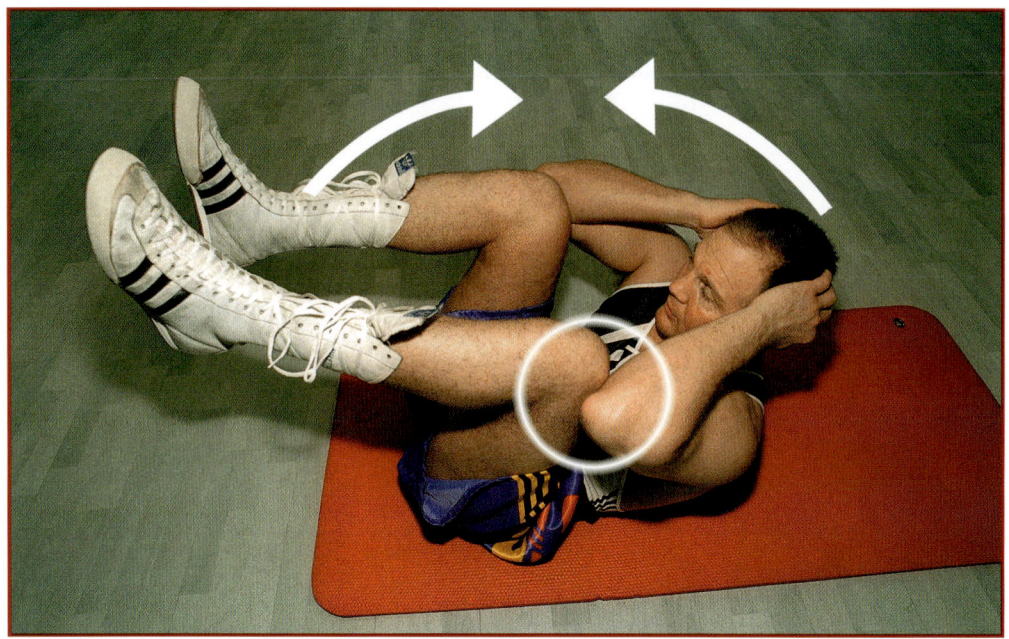

▌ *Abb. 34: Bauchmuskelübung mit »Ellenbogen-Knie-Berührung«.*

wegen ihrer schädlichen Wirkung auf die Bandscheiben umstritten sind, aber wegen ihrer guten Trainingswirkung für den beschwerdefreien Boxer in Erwägung zu ziehen sind. »Fragen Sie Ihren Arzt oder Apotheker«, möchte ich im Spaß fast sagen; machen Sie die Übungen tatsächlich nicht, wenn Sie Bedenken haben. Falls nicht, legen Sie Ihre Hände so unter das Gesäß, dass bei dem Liegen auf dem Rücken der Andruck des Bereiches der Lendenwirbelsäule auf den Boden noch verstärkt wird. In der Ausgangsstellung halten Sie die gestreckten Beine ca. 10 Zentimeter über dem Boden. Nun können unterschiedliche Übungen starten: Wir kreisen mit geschlossenen Füßen der ausgestreckten Beine etwa felgengroß mit anschließender Änderung der Drehrichtung. Oder wir grätschen und schließen die Beine und scheren sie zuletzt übereinander. Wie beim Kreisen wird jede Übung 25-mal wiederholt.

Anschließend beschreiben wir mit den geschlossenen Füßen ein »U«, oder wir ziehen die Knie zur Brust hoch und strecken danach die Beine wieder aus. In einer weiteren Übung spreizen wir die angehobenen Beine und kreisen mit beiden Füßen einzeln links- und danach rechtshcrum. Nun können wir jede Übung dieser Art immer wieder mit einer »Ellenbogen-Knie-Übung« abwechseln. In den ca. 20 bis 30 Sekunden dauernden Pausen können wird den Bauch dadurch dehnen, dass wir ganz kräftig die Rückenmuskulatur anspannen.

Eine weitere gute Übung, die René gerne in das Training einbaut, besteht darin, dass Sie mit beiden Fäusten, auf dem Rücken liegend, von unten gegen Ihr Kinn drücken. Durch die Haltung des Kopfes sehen wir die hinter uns befindliche Wand. Wenn wir jetzt mit dem Oberkörper etwa 30 cm hoch kommen, bleibt der Kopf nach hinten gedrückt und wir haben weiterhin die Wand im Blick. Unterschiedlich lange (zwischen 1 und 8 Sekunden) bleiben wir oben, bis wir uns wieder auf den Boden ablegen. Die Übungen, bei denen die Füße zum Bewegen des Oberkörpers irgendwo eingehängt oder von Kameraden gehalten werden, trainieren vordergründig die Oberschenkel-Muskel, weniger die des Bauches. Auch diese Übung belastet die Bandscheiben stark, weshalb ihr Einsatz sehr fraglich sein sollte. Auf einen Bereich der Bauchmuskulatur wirkt auch während dem Auf-dem-Rücken-Liegen die Nickbewegung des Kopfes (Kinn bis zur Brust) oder das Anheben eines Gewichtes (bis ca. 6 kg) mit den über den Kopf hinaus gestreckten Armen.

Die folgende und letzte Übung für die Bauchmuskulatur, die 3 Minuten dauern sollte, läuft folgendermaßen ab:

Übung 33:

Die Bauchmuskulatur

Während wir rücklings auf dem Boden liegen, steht unser Partner mit einem schweren Medizinball neben uns. Auf das Startkommando hin haut er den Ball leicht auf unseren Bauch, mit dessen plötzlicher Anspannung wir den Ball abfangen. Wir übernehmen den Ball, springen mit ihm auf, während gleichzeitig der Partner die Rückenlage einnimmt. Nun geht es umgekehrt weiter, indem wir den Ball auf den Bauch des Partners hauen. So wechseln wir ständig weiter ab.

Diese Übung hätte durchaus auch in dem Abschnitt »Konditionstraining« auftauchen können, da das ständige Aufspringen mit dem Ball stark unsere Ausdauer beansprucht. Zum Dehnen der Bauchmuskulatur begeben wir uns in den Stütz, jedoch nicht wie üblich, auf die Fußspitzen, sondern auf die Knie und lassen den Bauch mit Absicht »durchhängen«. Da auch der Rücken beansprucht wurde, umschließen wir im Sitz mit unseren Armen die herangezogenen, angewinkelten Beine, ziehen sie ganz fest an unsern Oberkörper und rollen leicht auf unserem Rücken hin und her. Weiterhin können wir uns auch derart an der Klimmzugstange halten, dass die Füße noch leicht den Boden berühren, dann in dieser Haltung ein wenig vor und zurück »baumeln« und den Körper richtig »aushängen« lassen. Diese Übung können wir ebenso im Anschluss an die Liegestütze durchführen, um die Schulter-, Brust- und Rückenmuskulatur zu dehnen.

Das Gehopse

Der dritte Trainingsbereich der Kraftgymnastik wird mit dem Springseil absolviert. Die Länge des Seiles ist so bemessen, dass wir beim Stehen auf der Seilmitte die Griffe etwa in Hüfthöhe halten. Schon frühzeitig sollten wir dazu kommen, dass wir beim Springen regelmäßig die Gewichtsverlagerung vom rechten zum linken Fuß, und zurück abwechseln. Im Abschnitt »Konditionstraining« wiesen wir bereits auf die Zweckmäßigkeit von Tempo-Intensitäts-Änderungen hin. Nun können wir weitere Variationen einbauen, die ebenfalls die Intensität beeinflussen. Wir ziehen beim bewussten, beidfüßigen Springen das Seil zweimal durch, wir kreuzen die Arme, wir springen, ebenfalls beidfüßig, zu dem Seil vor und zurück, und nach links und rechts, wir gehen langsam in die Hocke und springen so mit »langem Seil« weiter, wir laufen in Schritten vor und zurück oder springen einbeinig links, später rechts, jeweils eine Minute. Natürlich fügen wir die bereits vorgeschlagenen Tempoänderungen ein. Das Seilspringen trainiert unsere Bein-, Gesäß-, Hüft- und Unterbauchmuskulatur und fördert die Koordination von Arm- und Beinbewegungen. Zum Abwechseln mit dem »rope-skipping« bieten sich erneut Liegestütze an. Da beim Springen stark die Wadenmuskulatur beansprucht wird, dehnen wir sie im Anschluss dadurch, dass wir uns im Abstand von gut einem Meter vor eine Wand stellen, und uns aus diesem Stand mit dem Oberkörper ganz nah an ihr abstützen. Wenn wir so, schräg nach vorne geneigt, die Füße platt auf dem Boden behalten, spüren wir sofort die angenehme Dehnung der Wadenmuskeln.

Wie zuvor gefordert, zählen wir wieder bis 15 und wiederholen nach kurzen Pausen noch zweimal diese Dehnübung. Zum Seilspringen können wir später auch kleine Gewichte in die Hand nehmen.

Zur Verbesserung der Kondition und zu unserer Kräftigung in den Bereichen Schulter-, Brust-, Nacken-, Arm- und Rückenmuskulatur bieten sich außer den Liegestützen auch etliche Übungen im Stehen an. Ein paar davon seien hier erwähnt.

Übung 34:

Die Schultern

Wir strecken unsere Arme seitlich in Schulterhöhe aus und achten darauf, dass die Ellenbogen und Handgelenke gestreckt sind und die Handflächen zum Boden zeigen. Nun beginnen wir mit kleinen, schnellen Kreisen nach vorne, die aber mit dem gesamten, gestreckten Arm, aus der Schulter bewegt, ausgeführt werden sollen. Nur ein wenig mit den Händen »winken« reicht nicht. Für den Anfang kreisen wir 50-mal nach vorne, und direkt, ohne Pause, auch 50-mal nach hinten. Anschließend wippen wir, ebenfalls mit den gestreckten Armen, von oben nach unten und von vorne nach hinten, wozu die Handflächen nach vorne gedreht werden. Sätze von jeweils 20 wiederholen wir 4 Mal. Danach kreisen wir wieder mit den Armen und ziehen die von den Händen beschriebenen Kreise am Ende der Übung nach und nach größer, bis wir die Arme vollends nach oben und unten kreisen. Mit dem »Hochschleudern« der Arme verbinden wir leichte Sprünge. Nun wiederholen wir die letzte Übung, kreisen aber die Arme in die entgegengesetzte Richtung. Die zuvor geforderten 50 Kreise vor und zurück erhöhen wir mit der Zeit auf 200.

Eine Abwechslung zum Wippen mit ausgestreckten Armen bietet eine Übung, die die Stärkung der Unterarmmuskulatur ergänzt. Wir beginnen bei gestreckten Armen, mit den Händen ganz kräftig zu greifen. Nach jedem Greifen müssen die Finger weit aufgespreizt werden. Die Handflächen drehen wir dabei nach unten, nach vorne und nach oben und greifen auf jeder Ebene 15-mal so fest zu, wie es nur geht.

Zum Dehnen bietet sich nach dieser Übung das »Ausbaumeln« an der Klimmzugstange an.

Auch Kniebeugen sind für Boxer wichtige Übungen. Verstärken kann man die Wirkung, indem verschiedene »Etagen« eingebaut werden, die »halber Höhe«, »viertel Höhe« oder anderen entsprechen. Weiterhin können wir uns mit Gewichten belasten. Als Gewicht kann auch Mal ein im Nacken sitzender Partner dienen. Die Rückenmuskulatur lässt sich u. a. durch Übungen trainieren, bei denen wir auf dem Bauch liegen und die Arme vor dem Kopf ausstrecken. Aus dieser Position heraus können wir die Arme übereinander scheren, mit den Armen »paddeln«, kreisen, oder mit den Händen greifen.

Müde bin ich, geh' zur Ruh'

Die letzten gymnastischen Übungen, die vorher in der Einführung an zweiter Stelle standen, sind die, die nach getaner Arbeit noch ein wenig entspannen und lockern sollen. In Hinblick auf die im Boxtraining am stärksten beanspruchten Muskeln bietet sich folgende Lockerungsübung an:

Übung 35:

Zum Ausklang

Wir stehen mit leicht gespreizten Beinen und nehmen den Daumen der einen Hand in die andere und heben so beidarmig die Hände nach oben über den Kopf. Nach 15 Übungen gehen wir von der Mitte unten, mit einzelnen Armen, diagonal schräg nach oben außen, um zuletzt, erneut 15-mal, mit beiden Armen einzeln seitlich hoch zu pendeln. Nach Möglichkeit bleiben dabei die Ellenbogen durchgestreckt. Jetzt nehmen wir die Arme in Schulterhöhe waagerecht und scheren sie abwechselnd übereinander vor uns, um sie nach dem Scheren jeweils gestreckt nach hinten zu ziehen.

Nach kurzer Pause mit lockerem »Ausschütteln« der Arme und Beine folgt Hüftkreisen in beide Richtungen, danach folgt das abwechselnde Ausschütteln des gestreckten linken und rechten Beines. Wir beugen dann den Oberkörper nach vorne und hängen die Hände locker vor die Schienbeine. Danach drehen wir uns wieder im Stehen zur senkrechten Körperachse nach links und rechts, indem wir wie zuvor beim Aufwärmtraining, zunächst mit angewinkelten Armen den Oberkörper drehen, danach mit abwechselnd links und rechts »geöffneten« Armen und zuletzt mit den gestreckten.

Nach erneuter, kurzer Pause setzen wir uns auf den Boden und schlagen mit der rechten Geraden zum linken Fuß des ausgestreckten Beines und mit der linken Geraden zum rechten Fuß. Wir umklammern wieder unsere herangezogenen, eingeknickten Beine mit unseren Armen und pressen sie an unseren Oberkörper.

Zuletzt springen wir noch kurz den »Hampelmann«, d. h. wir springen aus dem Stand mit den Beinen seitlich in die Grätsche und zurück und vollführen dabei mit gestreckten Armen den Weg von der Hüfte bis zum Klatschen über den Kopf. Zum Auslockern bieten sich auch manche Ballspiele an, doch muss man vorsichtig sein, da gerade beim Fußballspielen die Verletzungsgefahr für ermüdete Boxer groß ist.

Mit alldem, was wir bis hierher besprochen haben, können wir nun Trainingspläne erstellen, die für den Zeitraum von 1,5 Stunden (die häufigste Trainingszeit) ein gutes Training organisieren. Beachten müssen wir dabei, dass wir manchen Anforderungen nur »frisch« und ausgeruht gewachsen sind, andere können wir auch schon ermüdet erfüllen. Trainingsinhalte, die daher an den Anfang zu stellen wären, sind:

- Technikübungen
- »Schlagschule« (beides auch verbunden mit Partnerübungen)
- Sparring
- Pratzenarbeit
- Schnelligkeitsübungen.

Hierzu ist immer volle Konzentration notwendig. In der zweiten Trainingshälfte können wir:

▌ Konditionstraining
▌ Krafttraining
▌ Gerätearbeit
▌ Spiele

unterbringen. Wenn wir etwa 15 Minuten zum Aufwärmen und 10 Minuten Lockerungsübungen zum Ausklang einkalkulieren, bleiben für die eben genannten Trainingsinhalte eine Stunde, die wir für jeweils 2 Schwerpunkte ungefähr halbieren (ob wir jetzt einen Schwerpunkt 5 bis 10 Minuten länger oder kürzer gestalten, hängt von der individuellen Situation und dem Stand der Trainingsgruppe ab). So kombinieren wir die Inhalte der ersten und zweiten Hälfte verschieden, wodurch das Training abwechslungsreich bleibt. Es könnte zum Beispiel an einem Tag am Anfang das Sparring im Vordergrund stehen, anschließend vollführen wir Krafttraining, oder wir kombinieren an einem anderen Tag das Erlernen der Technik mit intensivem Konditionstraining, am nächsten Tag folgt auf Pratzenarbeit das Training an den Geräten. Fällt ein Schwerpunkt einmal kürzer aus, könnten wir folgendes Spiel einbauen:

Übung 36:

Springen und Zählen

Wir bilden einen Kreis und springen locker mit dem Seil. Ein Athlet beginnt laut zu zählen, sein Nachbar fährt damit fort, usw. Um das Spiel unterhaltsam zu gestalten, lassen wir aber alle Zahlen fort, die mit 7 zu tun haben, also alle durch 7 teilbaren Zahlen und die, in denen die 7 als Ziffer vorkommt, wie z. B. 17, 27 u. a. Sagt jemand versehentlich eine solche Zahl, macht er 10 Liegestütze zur Strafe und sein Nachbar beginnt von vorne mit dem Zählen. Dies ist eine beliebte (Spiel-) Übung von René Weller.

Es geht um die Versetzung

Schwierig ist es, mit den unterschiedlichen Trainingsständen der einzelnen Boxer umzugehen. Da die Anforderungen zu den Fähigkeiten passen sollten, wird es bei einer großen Gruppe immer so sein, dass mancher Trainierende unterfordert, andere wieder überfordert sind. Sollte es die Räumlichkeit und das Angebot an Hilfstrainern erlauben, ist gewiss eine Aufteilung in verschiedene Leistungsklassen sinnvoll. Bewusst kann man auch die »Versetzung« in eine höhere Klasse zur Motivation in Aussicht stellen.

Wie an anderer Stelle erwähnt, sollte keine Überforderung stattfinden, aber auch keine Langeweile durch Unterforderung entstehen. Beides führt zu Störungen im Trainingsablauf. Wir wechseln jetzt auch in die nächste Klasse und bieten weitere Ideen für die »Fortgeschrittenen«.

 Zusammengefasst

Die Muskeln, die ein Boxer für seinen Sport benötigt, sind einerseits fast über den ganzen Körper verteilt, andererseits ist deren Aufgabe verschiedenartig. Neben schnellen und kräftigen Schlagausführungen steht die Deckungsaufgabe und eine gute »fließende« Gesamtbeweglichkeit als Übungsziel. Dementsprechend vielseitig muss die Gymnastik, aber auch das Krafttraining sein. Unbedingt muss das Prinzip beachtet werden, dass jedes Training auf seine sportbedingten Anforderungen hin spezifisch zu bewerten ist. Jede Einseitigkeit im Training mindert die gerade für einen Boxer wichtige Gesamtkoordination.

Runde 2: Boxen für Fortgeschrittene

Nach der ersten Runde eines Wettkampfes können wir unseren Gegner schon ein wenig einschätzen. Seine Schlaghärte haben wir vielleicht schon zu spüren bekommen, die Art seiner Vorgehensweise hat sich gezeigt und jetzt wissen wir, ob wir es eher mit einem Techniker, einem Draufgänger, einem Erfahrenen, oder was für einem Boxertypen auch immer zu tun haben. Die erste Runde verschaffte uns auch einen Eindruck davon, wie wir selbst gerade drauf sind. In der Pause haben wir uns daher eine Strategie überlegt – mit Hilfe unseres Trainers – wie wir in der zweiten Runde weiter vorgehen.

Hier, in unserem Buch, heißt die Strategie: Alles, was wir gelernt haben, wird jetzt noch ein bisschen intensiviert. In der zweiten Runde greifen wir manches der ersten auf und wiederholen es mit größerer Intensität, oder wir ergänzen das Vorhandene mit ein paar zusätzlichen Ideen und Inhalten.

Boxtechnik für Fortgeschrittene

Ein paar Feinheiten

Auf Seite 22 wurde in der Übung 1 das Vorwärtsgehen mit linken Führhandstößen vorgestellt. Diese Art der Arm-Bein-Koordination wird als Passgang bezeichnet. Gleichzeitig bewegen wir zu der Geraden der linken Führhand den linken Fuß einen Step in der Länge eines halben Fußes vor und ziehen den rechten Fuß nach, wenn wir die Hand zum Deckungsplatz zurück nehmen. Der linkshändige Boxer vollzieht gleichermaßen zu seiner rechten Führhand mit dem rechten Fuß einen Step und zieht anschließend den linken Fuß nach, während er die Rechte zum Kinn zurück nimmt.

Stellen Sie sich als Rechtshänder einen ebensolchen Gegner vor, der vielleicht eine Idee kleiner ist, als Sie es sind, und der – ein häufiger Fehler – seine linke Deckungshand eine Handschuhdicke »zu tief hängen hat«. Eine wunderbare Treffermöglichkeit für Ihre rechte Gerade. Starten Sie aber in Ihrer Absicht, seine Deckungslücke zu nutzen, wie üblich mit der linken Führhand, dann warnen Sie ihn ungewollt vor Ihrer Aktion, und die zu tiefe Deckung rückt auf einmal wieder nach oben. Gelegenheit vorbei, schade! In dieser Situation müssten Sie, wie man sagt, »ansatzlos« die rechte Hand, von ihrem Deckungsplatz aus in das Ziel bringen. Jetzt wäre es für ihn zum Reagieren zu spät, zumal man durch das sehr häufige Links-rechts-Schlagen sehr überrascht ist, wenn die Rechte ohne »Vorwarnung« kommt. Da wir aber mit unserer rechten Seite etwas zurückgedreht stehen, könnte es sein, dass trotz des vollen Ausstreckens des rechten Armes die Distanz zum linken Kinnwinkel unseres Gegners nicht überbrückt wird. Daher verbinden wir die ansatzlose Rechte mit einem Step des linken Fußes, aber ein wenig weiter (eine gute Fußlänge), als wir es bei der linken Führhand lernten. Erneut können wir beim Zurückziehen der Hand den rechten Fuß nachziehen. Diese Form des Schlagens und Fortbewegens nennen wir **Diagonalgang**.

Übung 37:

Der Diagonalgang

Ähnlich, wie wir mit der Übung 1 den Passgang übten, trainieren wir jetzt den Diagonalgang (siehe Abb. 35). Linker Fuß und rechte Faust sollten synchron nach vorne kommen, der rechte Fuß bleibt als Widerlager fest am Boden (um mit Fiedler alle Klarheiten zu beseitigen: Der Passgang verläuft nur vorwärts gleichseitig, z. B. linke Faust, linker Fuß, rückwärts kommt zur linken Hand der rechte Fuß, der Diagonalgang verläuft rückwärts dagegen gleichseitig). Wir können entscheiden, ob wir nach vielleicht 20

▮ *Abb. 35: Die ansatzlose Rechte.*

Schlaghandstößen rückwärts mit linken Führhänden (vgl. Übung 4, Seite 23) zurück gehen, oder uns drehen und nun im Passgang zur Ausgangsstellung zurück kommen.

Schlagen Sie mit Ihrer Rechten nicht »irgendwo« hin, wo ohnehin keine Wirkung erzielt wird, sondern nehmen Sie genau den linken Kinnwinkel Ihres Gegners ins Visier. Ein guter Treffer sollte einen Niederschlag erzielen. Die Vorwärtsbewegung Ihres Körpers, bis auf das rechte Bein, unterstützt die Schlagwirkung der langen rechten Geraden. Alle ungewohnten Aktionen enthalten die Chance, den Gegner zu überraschen. So auch diese ansatzlose Schlaghand. Ähnlich wirken auch die **Doubletten**, also die Schläge, die nacheinander mit der gleichen Hand ausgeführt werden.

Häufig kombiniert man, nach einem rechten Körperhaken, seit- oder aufwärts, einen rechten Kopfhaken. Die Möglichkeit, dass der Schlag zum Körper die Deckung geringfügig nach unten zieht, verbindet sich mit der Überraschung, die der Schlag mit der gleichen Hand auslöst. Diese Doubletten werden ebenso mit der linken Hand erfolgreich sein. Wir werden Schlaghand-Doubletten auch als Gerade bei den noch vorzustellenden Kombinationen beschreiben.

Erfolgreich kann ein beabsichtigter Schlag werden, wenn wir mit einer **Finte** von unserem Vorhaben ablenken. Gerade dann, wenn wir bemerken, dass unser Gegner auf eine bestimmte Aktion fast schon regelmäßig mit einer entsprechenden »Antwort« reagiert, sollten wir probieren, den Kontrahenten erneut zu dieser Reaktion zu verleiten, ohne dass wir jedoch diesmal die Bewegung der Finte noch voll ausführen. Jetzt können wir mit einem anderen Schlag in das Ziel kommen, wenn der Gegner durch seine Reaktion seine Deckung geöffnet hat. So schlagen Sie 4 bis 5 Mal eine harte linke Gerade zur Bauchmitte. Sicher bemerken Sie, ob die Antwort auf diesen Körperschlag schon automatisiert kommt. Dann deuten Sie die Führhand nur noch kurz an und schlagen statt dessen eine noch härtere rechte Gerade zum Nasenansatz oberhalb des Mundes. Das geringe Herunterziehen der Deckung zur Abwehr des vermeintlichen Körperschlages reicht vermutlich aus, das gewünschte Ziel ungedeckt zu treffen.

Neben den ansatzlos geschlagenen Händen, den Doubletten und den Finten sollten wir intensiv das **Verändern der Distanz zum Gegner** trainieren. Einmal natürlich, wie schon beschrieben, zur Verteidigung,wodurch wir nie ein kalkulierbares Ziel bieten, zum anderen aber auch, um die richtige Distanz für die eigenen Schläge zu finden. Für René Weller verbindet sich das Boxen schon immer mit der Fähigkeit – vergleichbar der Strategie beim Schachspielen – die Aktionen des Gegners zu lenken und zu steuern, um dann im Voraus schon die richtigen Konter parat zu haben.

Ab in den Ring

Einen ganz wichtigen Trainingsinhalt bildet das **Sparring**, das Boxen zu Trainingszwecken. Zum Boxen gegeneinander benötigen wir einen Zahnschutz, der meist aus einer der Zahnform entsprechend gebogenen Schiene aus Kunststoff oder Gummi besteht. Die einfacheren Versionen werden in heißem Wasser weich gemacht, um dann dem Gebiss angepasst zu werden. Die besseren Modelle werden mit einem Pulver geliefert, das mit einer Flüssigkeit anzurühren und in die Schiene einzustreichen ist, sodass der Schutz den Zähnen individuell angepasst werden kann.

Der unsinnigen Meinung, dass der Zahnschutz lediglich vor Kapillarrissen schützt, die durch das Zusammenbeißen der Zähne entstehen können, möchten wir an dieser Stelle deutlich widersprechen. Sicher ist dies auch eine Aufgabe des »mouth-guards«, aber der Schutz des einzelnen Zahnes vor einem Abbrechen bei Treffern steht natürlich im Vordergrund. Dadurch, dass der Zahnschutz alle Zähne eines Kieferteils miteinander verbindet, erhöht er die Widerstandskraft einzelner Zähne. Die Energie eines gegnerischen Treffers wirkt nun nicht nur auf einen Zahn ein, sondern wird auf alle verteilt.

Einkalkulieren muss der Boxer auch vom Gegner unbeabsichtigte Treffer der Schulter, des Ellenbogens oder des Kopfes, bei denen wegen der fehlenden Polsterung mühelos z. B. ein ungeschützter Zahn ausgeschlagen werden könnte. Weiterhin verletzt man sich im Mund an den eigenen Zähnen, wenn ein Treffer die Wange oder Lippe gegen die unverdeckten Zähne des Oberkiefers quetscht. Über die Bandagen für die Fäuste sprachen wir schon. Zu ergänzen wäre der Hinweis, dass sowohl elastische wie steife Bandagen angeboten werden. Beide Versionen haben Vor- und Nachteile. Die elastischen sitzen auch bei einem unerfahren Bandagierenden gut und fest, schneiden aber oft ein und gelegentlich »schläft« 'mal ein Finger ein. Die unelastischen Bandagen müssen dafür sorgfältig angelegt werden, damit sie sich während des Trainings nicht lockern; dafür sind sie angenehm zu tragen.

Im Sparring werden Handschuhe verwendet, die größer und schwerer sind als die Wettkampfhandschuhe, weil sie mehr Polsterung haben (siehe Abb. 36). Wir ver-

▮ *Abb. 36: Der Sparrings-Handschuh.*

wcnden meist Sparrings-
handschuhe mit 12 Un-
zen (das Angebot reicht
bis 16 Unzen).

Viele Boxer tragen ei-
nen speziellen Sparrings-
Kopfschutz, der gegen-
über dem bei Amateur-
Wettkämpfen vorge-
schriebenen Kopfschutz
einen stärkeren Joch-
beinschutz aufweist und
auch dicker gepolstert ist
(Abb. 37). Bezüglich des
Kopfschutzes kann man
unterschiedlicher Mei-
nung sein. Keine Frage
der persönlichen Mei-
nung ist aber die Tatsa-
che, dass ein Kopfschutz
zur Hauptsache vor ober-
flächlichen Haut- und

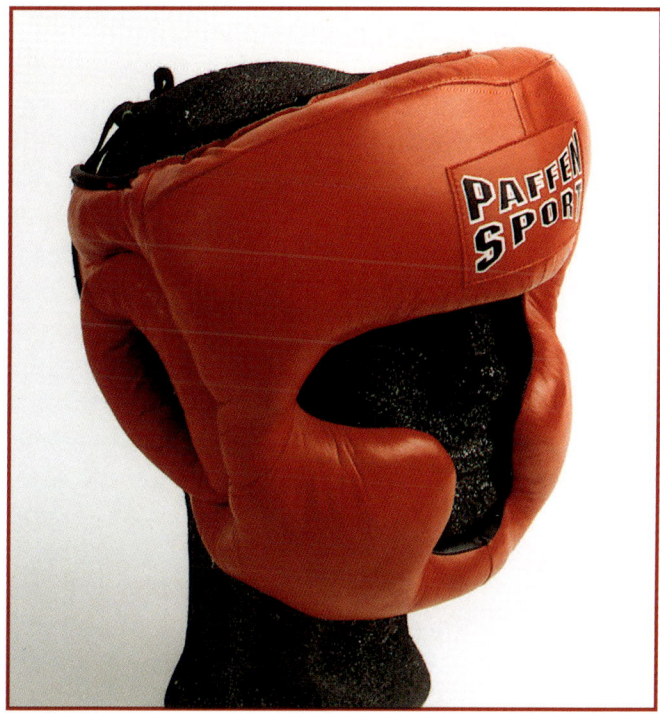

❚ *Abb. 37: Der Kopfschutz.*

Knochenverletzungen im Bereich der Brauen, der Stirn und des
Jochbogens schützt. Im Training ist er sinnvoll, um zeitliche Aus-
fälle zu vermeiden, die durch die Wartezeit zum Ausheilen einer
Platzwunde, eines »Cuts«, entstehen. Die Beschleunigung des
Schädels bei Treffern (vgl. Seite 66f.) wird aber durch den Kopfschutz nicht wesentlich gemindert. Das Verletzungsrisiko bleibt bestehen. »Für Boxtreffer zum Kopf hat jedoch immer der Boxhand-
schuh den höheren Elastizitätsfaktor, so dass der des Kopfschutzes wegfällt.« (Dr. med. Wilhelm Funke, in: *Forschungser-
gebnisse und Schutzbestimmungen im Amateurboxsport, Boxen
und Gesundheit.* Deutscher Ärzte-Verlag, Köln-Lövenich, 1977).

Nachteilig wirkt der Kopfschutz sogar, wenn er den Boxer zu der
Annahme verleitet, er sei ausreichend geschützt, und er aufgrund
dieser Fehleinschätzung beginnt leichtsinnig zu werden. Dass
Kopfschutze bei Amateur-Wettkämpfen getragen werden, ist bestimmt einer der Gründe, weshalb das Publikumsinteresse an die-

sen Boxveranstaltungen so drastisch zurückgegangen ist. Schließlich wollen die Zuschauer die Gesichter der Boxer auch während des Kampfes sehen können.

Beim Sparring hat der Kopfschutz allerdings seinen Sinn, vor allem sollte sich der Amateur im Training an ihn gewöhnen, damit er durch ihn im Wettkampf nicht noch mehr gestört ist, als es das häufige, hilflose Zurechtrücken des »Helmes« ohnehin vermuten lässt.

Nun gut, genug geschimpft. Nachdem wir die Bandagen angelegt haben, unseren Zahnschutz tragen und die Sparringshandschuhe übergestülpt haben (hier sparen jene Handschuhe etwas Zeit, die nicht extra geschnürt werden müssen), können wir mit dem Sparring beginnen. Amateurboxer, die auch an Wettkämpfen teilnehmen, sollten, wie gerade gefordert, sich auch im Sparring an ihren Kopfschutz gewöhnen, und daher gleich den für Wettkämpfe zugelassenen Schutz, der ein entsprechendes Zulassungsemblem benötigt (AIBA, DABV oder neuerdings DBV), tragen. Die anderen Boxer müssen wissen, wie wichtig ihnen die Vermeidung eines Cuts oder einer ähnlichen Verletzung sein sollte. Der im Wettkampf vorgeschriebene Tiefschutz kann im Sparring auch einmal zur Gewöhnung getragen werden, ist aber sonst im Training nicht so wichtig.

Sehr wichtig ist dagegen die Entscheidung des Trainers, wen er mit wem sparren lässt. Ganz sicher ist es ein Trugschluss, wenn er Anfänger mit der Überlegung gegeneinander boxen lässt, dass sie ja »auf einem Stand sind« und sich so nicht viel tun können. Aber gerade Anfänger sind nie »auf einem Stand«; zu sehr werden sie sich in ihrer körperlichen Konstitution und auch in ihrer Mentalität unterscheiden. Außerdem werden sie, sobald sie in Bedrängnis geraten, beginnen, wild drauflos zu schlagen, weil sie noch keine boxerischen Hilfsmittel für die Defensive gelernt haben. Zu sehr kann man darüber froh sein, wenn überhaupt jemand Interesse an unserem Sport hat, als dass man riskieren sollte, dass er die Lust verliert, weil er bei einer solchen Anfängerschlägerei »den Kittel vollgekriegt« hat. Also, lassen Sie als Trainer gerade die Anfänger bei ihren ersten Sparrings-Versuchen immer mit erfahrenen Boxern trainieren, die es nicht nötig haben, aus der Not heraus jemanden zu »verklopfen«. So macht der Neuling auch die Erfahrung, wie man mit guter Technik ungefährdet die Schlagbemühungen eines Nicht-Boxers neutralisieren kann, ohne dass dieser »verhauen« wird, da sicher jeder Fortgeschrittene seine Kräfte der Situation angemessen dosieren wird. Der Anfänger wird erstaunt sein, wie wenig er gegen die Technik eines erfahrenen Boxers ausrichten kann und motiviert werden, diese ebenfalls zu lernen.

Der Trainer sollte die Kondition seiner Schützlinge einschätzen können, um entscheiden zu können, ob zunächst eine, zwei oder drei Minuten pro Runde gesparrt werden. Wie an anderer Stelle erklärt, erreichen wir einen höheren Trainingserfolg, wenn wir von einem Sportler 1 Minute lang 100%ige Einsatzbereitschaft fordern, als wenn wir über eine längere Zeit mit nur 60 % zufrieden sind. Ein ganz leichtes, kontrolliertes Sparring ist sicher auch für recht »frische« Boxanfänger gut. Abgesehen davon, dass es die Lernbereitschaft fördert, entsteht auch frühzeitig ein Gefühl für die richtige Bewegung, das man auch bei der Gerätearbeit, beim Schattenboxen und bei den Schlagübungen benötigt. Nach dem Sparring muss der Trainer mit den Boxern über ihre gezeigten Schwächen, aber ebenso über ihre besonderen Fähigkeiten sprechen. Der Trainer kann nie einen Boxer komplett »umbauen«, er kann nur vielleicht die eine oder andere Schwäche verringern, aber vor allem die bereits vorhandenen Talente stärken und erhalten.

Durch meine Arbeit in dem durch das Land Baden-Württemberg geförderten Reutlinger Boxtrainingsraum habe ich mit noch mehr Boxinteressierten zu tun, als es in den meisten Vereinen der Fall ist. Hierbei sehe ich die unterschiedlichsten Charaktere und körperlichen Verfassungen. Erstaunt bemerkte ich einmal bei einem jungen Mann, dass er etwas mitbrachte, das man wirklich sonst fast immer erst erklären und einstudieren muss. Er schlug, ohne jede Andeutung, absolut direkt aus der Deckung. Keine Mimik, keine noch so kleine Bewegung verriet seine Absicht. So musste auch ich verwundert die ersten Treffer von ihm einstecken, und war begeistert und glücklich, ihm im Anschluss sein Talent erklären zu können. Jetzt kommt es darauf an, solch eine Fähigkeit, die vielleicht gar nicht bewusst eingesetzt wurde, zu bewahren und zu fördern. Weiterhin sollte auch während des Sparrings das Selbstbewusstsein gestärkt und die Ängstlichkeit abgebaut werden. Jeder Boxer sollte mit dem Gefühl in den Ring gehen, dass er gewinnen kann. Das erfordert von jedem Trainer sehr viel Einfühlungsvermögen gegenüber seinen Schützlingen. Er muss sofort eingreifen, wenn ein Boxer seinen Sparringspartner aufgrund dessen Unerfahrenheit »vermöbeln« will.

Es geht jetzt richtig zur Sache

Der erste richtige Kampf naht. Das heißt nicht, dass das Sparring nicht auch zum Teil sehr hart geführt werden muss. Aber nur dann, wenn beide Boxer dazu bereit sind, und in Folge ihres bisherigen Trainings als gleichwertig zu betrachten sind. Eine sehr wettkampfnahe Sparringsführung, die man als »freies Sparring« bezeichnet, ist ebenso wichtig, wie das »bedingte Sparring«, bei dem die Ausführung mit bestimmten Trainingsaufgaben verbunden ist. Es wäre fatal, wenn ein Boxer während des Sparrings glaubte, es genüge, lediglich mit vielleicht 50 % seiner möglichen Härte zu boxen, weil er im Wettkampf die anderen 50 % als »Nachbrenner« ja jederzeit leicht zünden könne. Oft merkt er im Kampf dann mit Erschrecken, dass er maximal noch 10 % zulegen kann. So muss unbedingt von Zeit zu Zeit das Sparring wie ein Wettkampf ausgeführt werden, um sich zum Beispiel hinsichtlich Schlaghärte und Kondition richtig einschätzen zu können. Dies ist natürlich ein weiterer Grund, weshalb der Sparringspartner gleichwertig sein sollte, da ein zu schwacher Gegner ebenfalls die Illusion nährt, man sei sehr stark.

Vier Boxer im Ring

Es bietet sich an, zu zweit, zu dritt oder maximal zu viert das Sparring durchzuführen. Mit mehr Boxern werden sonst die Pausenzeiten für die, die warten müssen, zu lange. Zu zweit sparrt man 2 oder 3 Minuten, je nachdem, ob man als Amateur oder Profi trainiert, und erholt sich in jeweils einer Minute Pause. Es ist davon abzuraten, als Amateur generell 3 Minuten zu boxen, vielleicht mit der Überlegung, dass man dann die 2 Minuten des Wettkampfes »locker packt«. Das ist falsch! Denken Sie an René Wellers Beispiel über das Schießen mit dem krummen Lauf. Man wird unbeabsichtigt das Tempo während der längeren Zeit etwas herunterfahren, und es sich nach und nach angewöhnen. Um bei Weller zu bleiben, man schießt dann mit geradem Lauf nicht besser. Etwas ganz anderes ist es, wenn man zu Zwecken des Konditionstrainings gelegentlich eine längere Rundenzeit einplant. Dann sollte aber das Sparring in der »richtigen« Zeit immer (z. B. pro Woche) die drei- oder vierfache Dauer dazu einnehmen. Die Alternative zur längeren Rundenzeit bliebe die Verkürzung der Pausenzeit auf 30 Sekunden. Sind wir zu dritt, bleibt ein Boxer für jeweils 1 Minute in der Pause, die anderen beiden kämpfen. Nach einer Minute wird dann ausgewechselt, wodurch ein Athlet immer 2 Minuten im Ring bleibt. Zu viert ist es der Übersichtlichkeit willen zu empfehlen, dass jeder der Boxer während seiner Pause in immer der gleichen Ecke steht. Hier erhöht sich leider die Rundenzeit auf 3 Minuten, gewechselt wird wieder nach 60 Sekunden, indem ein Boxer nacheinander mit Boxer 2, 3 und 4 im Sparring verbringt. Der Boxer 4 bleibt dann im Ring und nimmt sich noch 2 und 3 vor. Dann bleibt 3 im Ring und boxt weiter mit 1 und 2. So fahren wir fort und tauschen nach Bedarf einen der vier ganz aus, falls noch mehr sparringswillige Boxer warten.

Bedingungslos zum bedingten Sparring

Die Sparringssituation des »bedingten Sparrings« erlaubt, bestimmte technische Vorgaben zu erfüllen. Häufig wird einem Boxer aufgetragen, Verteidigungsstrategien zu üben, während sein Partner eine bestimmte Angriffsart trainiert. Beispielsweise könnte er bewusst Paraden zur Abwehr einbringen, die zuvor in Partnerübungen einstudiert wurden. Oder es lassen sich die Kombinationen, die wir im nächsten Abschnitt darstellen, im Sparring noch perfektionieren. Der Trainer könnte ebenso fordern, dass sein Schützling eine Runde ausschließlich mit der Führhand boxt.

Weiterhin ist das Sparring ausgezeichnet geeignet, die Übergänge von verschiedenen Distanzen zu üben, so etwa den Übergang von der Halbdistanz in den Nahkampf (vgl. Ogurenko in: *Der Nahkampf im Boxen.* Bartels & Warnitz, 1977). Wie schon mehrfach erwähnt, ist die Distanzveränderung ein wichtiges taktisches

Mittel. Auch sollten alle weiteren Verteidigungsaktionen, die wir schon in Partnerübungen einstudierten (siehe Seite 54), wettkampfnah im Sparring eingeübt werden.

Interessant wird das Training mit Boxern, die in der spiegelbildlichen Rechtsauslage stehen, oder die sonst einem bestimmten Typus entsprechen (schlagstark, bewegungsstark, technisch versiert, »unsauber«, u. a.). Man lernt so, sich auf sie einzustellen.

Darüber hinaus kann das Sparring auch zur Konditionssteigerung eingesetzt werden. Der Trainer lässt möglichst viele Runden gehen, ohne hohe Schlaghärte, aber mit enormem Laufpensum. Kurz vor einem Wettkampf muss aber die Sparringszeit unbedingt wieder der Wettkampfzeit entsprechen. Nur so lernt der Sportler, seine Energie und Kondition, natürlich auch sein »Tempo«, für die geforderte Zeit einzustellen.

Nach dem Sparring sollte eine Besprechung mit dem Trainer erfolgen. Als »Außenstehender« sieht er alle Fehler deutlicher und hat mit seiner Erfahrung gewiss Lösungen parat, wie das eine oder andere Problem zu beheben ist. Den Fehler erkennen, gegebenenfalls mit Hilfe des Lehrers, ist immer der erste Schritt zu dessen notwendiger Korrektur.

Eine weitere Konditionsübung während der Sparringsausführung bietet die Reduzierung der Trefferfläche auf eine bestimmte Körperregion (Körpersparring). Erfahrungsgemäß wird dabei deutlich häufiger geschlagen, wie in dem »normalen« Sparring. Mittrainiert wird automatisch die Körperdeckung als Defensivstrategie. Allerdings muss man das Risiko sehen, dass die Kopfdeckung vernachlässigt werden könnte, wenn man dieses Körpersparring zu oft alleine ausführt.

 ## Zusammengefasst

Der Fortgeschrittene erweitert seine bisherige Technik mit ansatzlosen Schlägen aus dem Diagonalgang heraus, überrascht mit Doubletten und irritiert seinen Gegner mit Finten. Er übt alle bisherigen Schläge im Sparring und lernt dabei nach und nach die Härte eines Wettkampfes kennen.

Die Schlagkombinationen

Die rechte Gerade kam von Michael Spinks am 27. Juni 1988 offensichtlich nicht schnell genug. Mike Tyson erkannte sie, wich nach links aus und schlug einen kurzen, harten linken Haken gegen die noch immer ungedeckte rechte Kinnseite von Spinks. Vorbereitet war durch die Körperdrehung mit dem linken Haken bereits der dann aus der Rückdrehung geschlagene rechte Aufwärtshaken zum Kopf. Beide trafen: K.O.-Sieg in der ersten Runde. Diese kurze, effektive Kombination reiht sich ein in eine Vielzahl von Schlagfolgen, die sich aus unzähligen Kämpfen von Muhammad Ali, Sugar Ray Leonard, Roy Jones und vielen, vielen anderen Boxern beschreiben ließen. Damit könnte man locker zwei Bücher füllen. Um stattdessen mit ein paar Seiten in diesem Buch auszukommen, müssen wir unser Angebot auf wenige vorgestellte Kombinationen reduzieren, denen wir eine gewisse Erfolgsgarantie unterstellen möchten.

Wie schon an anderer Stelle erwähnt, sind wir auch bei diesem Thema überzeugt, dass die Trainer über ein großes Wissen zweckmäßiger Kombinationen verfügen. Voranstellen wollen wir vier Ratschläge, die einer Überschrift gleich für das Folgende Bedeutung haben sollten:

1. Die einzelnen Schläge einer Kombination müssen so aufeinander folgen, dass die mit dem ersten Schlag verbundene Körperbewegung (-Drehung) den darauf folgenden Schlag bereits vorbereitet, also keinerlei Ausholen mehr nötig wird. Dieses Prinzip findet auch bei den Serien von mehreren Schlägen seine Notwendigkeit[4].

2. Wir betonen ganz bewusst einen bestimmten Schlag in der Folge, d. h. wir wissen genau, welchen der Schläge wir möglichst hart ausführen (bei fünf Schlägen wäre es unsinnig, alle fünf gleich hart schlagen zu wollen, das macht uns langsamer und vermindert die Chance zu treffen).

3. Sinn und Zweck einer Schlagserie ist auch, einen besonders harten Schlag zwischen mehreren Aktionen zu »verstecken«. Auf eine »getarnte Waffe« zu reagieren ist nämlich fast unmöglich – Einzelschläge dagegen sind erkenn- und abwehrbar.

4. Beim Einbauen von Doubletten und fintierten Schlägen erhöhen wir die Möglichkeit zu überraschen. (Allerdings kann es hierbei zu Widersprüchen zu Punkt 1 bezüglich der Vorbereitungsbewegung kommen, da sich bei Doubletten die sich ergänzenden Bewegungen von linker und rechter Seite nicht ergeben.) Es ist im Einzelfall zu entscheiden, welchem Prinzip wir Vorrang gewähren.

Darüber hinaus sollten die Trainer die körperliche Konstitution ihrer Schützlinge bei der Auswahl der zum Einstudieren vorgeschlagenen Kombinationen berücksichtigen. Ein für seine Gewichtklasse eher kleiner Boxer (z. B. Mike Tyson) benötigt andere Strategien, um an seinen Gegner heranzukommen und dessen Deckung zu knacken, als ein großer, langarmiger Kämpfer. In die Ausführung von Schlagserien muss teilweise auch eine Distanzveränderung oder -überbrückung eingeplant werden. Hierbei spielen neben den Schlägen die Schritte eine wichtige Rolle. Die ergiebigste Methode, solche Kombinationen einzuüben, ist die Zusammenarbeit von Trainer und Boxer, bei der der Trainer Pratzen (siehe Seite 84) verwendet. So können mühelos wechselnde Ziele angeboten und immer auch die Fehler durch den Lehrer gleich angesprochen werden.

Zuvor übt man die Schlagserien mit anderen Trainierenden in der Trainingseinheit »Schlagschule«, indem der Übungsleiter zum Schattenboxen die Schläge nacheinander zum Wiederholen zeigt und erklärt und sie im Anschluss Stück für Stück zu einer Folge komplettiert.

Beim Schattenboxen, das beständig eine wichtige Übung im Trainingsablauf darstellt und dementsprechend zeitlich einen angemessenen Platz haben sollte, ist es ohnehin wichtig, ein Konzept im Kopf zu haben, statt gelangweilt »einfach so« in der Luft herum zu schlagen. Hierzu gehört, dass man sich dabei einen imaginären (in der Phantasie gedachten) Gegner vorstellt, bei dem man auch »weiß«, wo sein Kinn, seine Leber oder sein Solarplexus sind. Wir umkreisen den gedachten Gegner, weichen vor seinen Schlägen aus und freuen uns über einen guten Treffer. An ihm probieren wir zuerst, ohne Risiko, die gelernten Kombinationen. Wenn der Trainer mit der Schlagabfolge halbwegs zufrieden ist, werden wir die Geräte (Sandsack, Maisbirne, Schlagwandpolster, je nach ihrer Zweckmäßigkeit für die einzelnen Serien) zur

Festigung des Gelernten nutzen und die notwendige Schlaghärte steigern.

Der Anfänger kann im bedingten Sparring seine »neue Technik« weiterüben, der Fortgeschrittene versucht im freien Sparring mit seinen Kombinationen gut zu treffen. Steht der Trainer mit den Pratzen einmal nicht zur Verfügung, lassen sich die Kombinationen auch in einer Partnerübung mit einem Kameraden durchführen, wenn dieser seine behandschuhten Hände wechselnd als Trefferfläche anbietet (vgl. die Übungen 13 und 14, Seite 40f.). Wir können nicht darauf verzichten, die Kombinationen immer und immer wieder zu üben, weil sie nur automatisiert ihre richtige Wirksamkeit garantieren. So wird für den Fortgeschrittenen das wiederholte Einstudieren solcher Schlagserien in den zuvor beschriebenen Methoden ein dauerhafter, wichtiger Trainingsinhalt sein. Ist eine solche Kombination erst einmal ausreichend geübt, bedarf es nur noch einer »Initialzündung«, um sie zu starten. Die dann folgenden zwei bis fünf oder mehr Schläge werden nicht mehr einzeln geplant und ausgeführt, sondern hageln automatisiert in einem viel höheren Tempo als die gleiche Anzahl von Einzelschlägen auf den Gegner ein. Bei allen Kombinationen ist immer das Lösen vom Gegner am Ende der Serie vorzusehen, gelegentlich kann auch ein Abtauchen vor einem denkbaren Konter innerhalb der Kombination mit einstudiert werden.

Nachfolgend stellen wir zwölf solcher Schlagserien vor, bei denen wir bewusst mehrere Besonderheiten berücksichtigten: Doubletten, Diagonalgang, Start mit der Schlaghand, Abtauchen und Schritteinbindung. Gedacht sind sie zunächst in der Ausführung für Rechtshänder (Linksausleger). Vorschlag 8 bietet sich auch für Linkshänder an. Das Wort »Vorschlag« ist für diese Kombinationen in jeder Hinsicht der richtige Begriff. Verstehen Sie unsere »Vorschläge« als Ideen, als Anregungen, die sich mit denen Ihrer Trainer ergänzen. So auch die angeführte Überlegung, ob wir der jeweiligen Schlagfolge mehr Erfolg bei einem größeren, kleineren oder gleich großen Gegner zutrauen, nicht anders bei der Wahl, welches der harte Schlag innerhalb einer Serie sein soll. Unser Bemühen kann nur eine Empfehlung sein, die individuelle Auswahl und Einschätzung zu den genannten Fragen nehmen Sie am besten gemeinsam mit Ihrem Trainer vor.

Kombination 1

Der Führhand-Kopfhaken

Wir schlagen die linke Führhand gerade (siehe Abb. 38) in Kopfhöhe, verbunden mit einem kurzen Step des linken Fußes. Ihr folgt
die rechte Schlaghand, ebenfalls als Gerade zum Kopf. Der ak-
zentuierte Schlag schließt sich jetzt als linker Kopfhaken an, seitlich über die rechte Deckung des Kontrahenten. Während die letzten beiden Schläge bei unveränderter Fußstellung ausgeführt werden, bewegen wir uns danach beidfüßig, verbunden mit einer linken Führhand zum Lösen, zurück. In der Ausführung der rechten
Schlaghand-Geraden müssen wir bereits darauf achten, dass für
den daran anschließenden linken Kopfhaken »geladen« wird. Dies
bedeutet, dass wir noch stärker, als wir es zu Beginn des Buches
forderten, die rechte Hüfte nach vorne drehen, das Gewicht auf den
linken Fuß verlagern, mit dem linken Knie gering einknicken, um
dann »knallartig« das linke Bein wieder durchzustrecken, die zuvor
zurückgedrehte linke Hüfte nach vorne zu drehen, damit auch den
Oberkörper nach rechts zu drehen und den linken Haken, ohne je-

a

■ *Abb. 38 a–c: Kombination mit Führhand-Kopfhaken (Übung 38).*

des Ausholen, direkt von der Kopfdeckung, über die deckende Schlaghand des Gegners, an dessen rechte Kinnseite zu schlagen.

▮ *Abb. 39 a–e: Die fünf Schläge aus Übung 39.*

Diese Kombination können wir durch die Einfügung eines Schlages ergänzen: Um zuletzt die linke Doublette zu vermeiden, schlagen wir nach dem akzentuierten linken Kopfhaken einen rechten Aufwärtshaken zum Kopf und lösen uns dann erneut mit einer linken Führhand. Dabei können wir den linken Kopfhaken, stärker als zuvor, von oben schräg, über die rechte Deckungshand unseres Gegners, nach unten an den Kinnwinkel ziehen, womit das »Laden« für den rechten Aufwärtshaken besser gewährleistet ist. In der Ausführung des Kopfhakens verlagern wir das Gewicht auf das rechte Bein und knicken mit dem Knie gering ein. Der rechte Aufwärtshaken wird begleitet von dem Durchstrecken des rechten Beines, der entsprechenden Hüftvordrehung und dem Aufrichten des Körpers.

Kombination 2

Übung 39:

Der Führhand-Kopfhaken nach Aufwärtshaken

Diese Serie findet vermutlich in der Nahdistanz an einem größeren Gegner ihre effektivste Wirkung. Wie zuvor eröffnen wir die Schlagfolge mit einer Geraden der linken Führhand (siehe Abb. 39a), verbunden mit einem Step des linken Fußes, um nahe genug am Gegner zu stehen. Diesmal nutzen wir die linke Führhand, um uns mit dem Oberkörper leicht nach schräg rechts vorne zu beugen. Dabei wird wieder das Gewicht auf den rechten Fuß verlagert und im Knie ein wenig eingeknickt. Nun drehen wir die rechte Hüfte vor und strecken das gleichseitige Bein durch. Gleichzeitig drehen wir auf dem rechten Ballen die Ferse nach vorne und schlagen einen rechten Aufwärtshaken (Abb. 39b), ungefähr handbreit über den Nabel unseres Kontrahenten. Diese Drehung mit dem Körper vollziehen wir bewusst sehr weit, um für den anschließenden linken Kopfhaken (Abb. 39c) wieder »geladen« zu haben. Unser Gewicht verlagert sich mit der Ausführung des Aufwärtshakens vom rechten zum linken Fuß. In der Hoffnung, dass der Körperhaken die gegnerischen Deckungshände ein wenig nach unten gezogen hat, folgt nun der aus der Rückdrehung gestartete linke Kopfhaken an die rechte Kinnkante. Er ist in dieser Serie wieder der am härtesten auszuführende Schlag. Zum Lösen bringen wir zunächst im Stand einen rechten Cross (Abb. 39d) und in der Zurückbewegung eine linke Führhandgerade (Abb. 39e).

Am Beispiel der ersten drei Schläge dieser Serie möchten wir Ihnen das Einstudieren solcher Kombinationen beschreiben. Zuerst schlagen wir eine Runde lang linke Führhandgeraden an die Maisbirne, verbunden mit dem gewünschten linken Step, um so in den Nahkampf einzutreten. Am großen Sandsack folgen nun für eine Runde rechte Aufwärtshaken zum Körper. Ganz wichtig ist die deutliche Vordrehung der rechten Hüfte und die Aufrichtung des Körpers, nachdem wir zuvor leicht mit den Knien einknickten. Der Winkel zwischen Ober- und Unterarm muss ausreichend geöffnet sein, damit der Treffer tief genug ankommt – schließlich wollen wir die Deckung damit nach unten ziehen. Die nächste Station bietet das Schlagwandpolster, an dem wir eine Runde lang linke Führhände mit linkem Step und rechtem Aufwärtshaken verbinden. Da das Wandpolster nicht wegpendelt, können wir die Zweierkombination schnell ausführen. Fehlt die Kondition, sind die Pausen zwischen den Aktionen zu verlängern, aber bitte nie die Schläge langsam ausführen. Nun gehen wir wieder zur Maisbirne, um den linken Kopfhaken eine Runde lang zu üben. Die rechte Deckungshand bleibt unbeirrbar auf ihrem Platz und den linken Haken schlagen wir mit vorgedrehter linker Schulter und Hüfte, akzentuiert und hart.

Wie eingangs schon beschrieben, fällt diese Übung einem Rechtshänder nicht leicht – ein Grund mehr, sie häufig durchzuführen. Man könnte sich vornehmen, den Haken erst einmal einfach auszuführen, dann mit einer Wiederholung, danach mit zwei, drei und vier Wiederholungen, um anschließend erneut mit einem zu beginnen (usw.). Die vielleicht wichtigste Station erfolgt wieder am Schlagwandpolster aus vorher genanntem Grund. Wir stehen mit dem Oberkörper leicht nach schräg rechts vorne geneigt und führen den rechten Aufwärtshaken in Verbindung mit dem darauf folgenden linken Kopfhaken eine Runde lang aus. Die Arme verlassen kaum ihre Deckungshaltung, da wir beide Haken durch die Körperdrehung in das Ziel bringen. Wir achten darauf, dass die linke Hand den betonten Schlag ausführt. Die nächste Station bietet der Spiegel. Wir wiederholen das zuvor Geübte mit zwei Handhanteln (je nach Gewicht des Boxers zwischen 1 und 3 kg – es ist sogar zu empfehlen, bei dieser Übung in die linke Hand eine um etwa 1 kg leichtere Hantel zu nehmen, als die Rechte bewegen muss), und kontrollieren im Spiegel die Verlaufsbahn der Hände. Sie bleiben bewusst auf dem gleichen Platz in Bezug auf ihren Abstand vom Kopf (siehe Abb. 40). Die linke Hand mit Hantel befindet sich etwa handschuhbreit vor der linken Wange, die rechte Hand ebenso nah an der rechten Kinnkante. Nun bewegen wir beide Hände, die den Abstand zueinander beibehalten (ebenso den Kopf und die Schultern), auf einem Kreisbogen etwa 50 bis 60 cm von rechts unten nach links oben und zurück. Später, in der Kombination, ohne Hanteln, öffnen wir beim Hochdrehen der Rechten und Herunterdrehen der Linken, den Winkel gering und kommen so zu der Schlagausführung. Nun kehren wir zum Sandsack zurück, um alle drei Schläge in Folge für eine Runde zu üben: Führhand gerade, Schlaghand aufwärts, Führhand seitlich zum Kopf.

Als nächste Station wartet für die gleiche Schlagserie das Schlagwandpolster. Sie werden sehen, wie auf diesem Weg die Abfolge automatisiert wird und die in acht Stationen geübte Serie mehr als die Summe von drei Schlägen bietet. Der zuvor angebotene rechte Cross und die linke Führhand zum Lösen lassen sich ebenfalls Stück für Stück einstudieren und vervollkommnen die Kombination.

▌ *Abb. 40 a–c: Übung zur Stärkung der seitlichen Körpermuskulatur zur Ausführung von Aufwärtshaken in Verbindung mit Kopfhaken (Übung 39).*

Jetzt haben wir etwas gelernt, das die eingangs genannten Forderungen erfüllt, dass Sie mit der Ausführung eines Schlages den darauf folgenden bewegungsbezogen vorbereiten, dass Sie einen besonders harten Schlag in der Serie »verstecken«, und dass alle Schläge so schnell aufeinander folgen, wie es mehrere Einzelschläge nie erreichen. Sie werden Ihrem Gegner mit einer Schlagserie immer um einen Schlag voraus sein.

Kombination 3

Übung 40:

Der Leberhaken

Auch diese Serie (siehe Abb. 41a–e) besteht aus 5 Schlägen und ist für die nahe Distanz gedacht. Geeignet erscheint sie uns aber zur Anwendung bei kleineren Gegnern.

Erneut begeben wir uns mit der linken Führhandgeraden, verbunden mit einem linken Step, in den Nahkampf. Wir drehen dabei die linke Schulter weit mit nach vorne, vor allem, um die rechte Schulter gleichzeitig zurück zu drehen (a). Mit der Beibehaltung der Gewichtsverlagerung auf den linken Fuß, schlagen wir mit der rechten Schlaghand einen Kopfhaken, möglichst schräg von oben nach unten gezogen (b). So erreichen wir leichter nach der Überwindung der linken Deckungshand unseres Gegners dessen linke Kinnseite und wir bereiten genau so den anschließenden lin-

Abb. 41 a–e: Die beschriebene Kombination mit Leberhaken (Übung 40).

ken Aufwärtshaken zur Leber vor. Der Leberhaken (c), der in dieser Kombination der harte Schlag sein soll, erfolgt ohne Ausholen und Deckungsöffnung aus der Rückdrehung nach dem rechten Kopfhaken.

Das zuvor leicht eingeknickte linke Bein strecken wir während der Ausführung des Körperhakens wieder durch, drehen die linke Hüfte vor und richten unseren Körper wieder auf. Nun folgt ein rechter Cross (d) und zum Lösen eine linke Führhandgerade (e). Aus taktischen Gründen schlagen wir zunächst mehrfach nur den rechten Kopfhaken in einer Dreier-Kombination (linke Führhand, rechter Haken, linke Führhand zum Lösen), um den Gegner zum Abwehren des Hakens zu verleiten. Wenn er seine Deckung gering nach links oben zum Abfangen des Hakens zieht, wird rechts am Körper seine Leber frei. Setzt dieses Abwehrverhalten ein, starten wir nach drei, vier Ablenkungsmanövern die volle Serie und haben dabei nur noch seine Leber im Visier.

Kombination 4

Übung 41:

Aus zwei mach eins

Der Nutzen unserer Schlagserien ist hinsichtlich der Anzahl ihrer Schläge gewichtsklassenbezogen zu bewerten. Ab dem Halbschwergewicht nach oben wäre es unsinnig, mehr als 5 Schläge in eine Serie zu verpacken. Oftmals sind schon 3 ausreichend. Je niedriger die Gewichtsklasse wird, um so sinnvoller wird die Erhöhung der Schlagzahl, wenn die Schnelligkeit nicht darunter leidet. So ist die folgende Schlagabfolge nicht unbedingt zum Einstudieren für alle Boxer gedacht, sondern auch zum Erfahren, wie man zwei bereits gelernte Kombinationen zu einer neuen zusammensetzen kann.

Wenn wir mit der zuvor beschriebenen Serie 2 (Übung 39) beginnen, heißt dies: Die linke Führhand als Gerade mit dem linken Step, ausgeführt mit leichtem Vorbeugen nach rechts, die Schlaghand folgt mit einem Aufwärtshaken zum Körper bei Zurückdrehung der linken Schulter und, wie schon gelernt, schlagen wir mit der linken Führhand einen Haken zum Kopf. Jetzt fügt sich die Kombination 3 an (Übung 40), bei der wir aber die Eröffnungsführhand weglassen. Also direkt der rechte Schlaghand-Kopfhaken, verbunden mit starker Drehung, um im Anschluss den linken Leberhaken ins Ziel zu bringen. Wie in beiden Serien beenden wir mit einem rechten Cross und lösen uns mit einer Geraden der linken Führhand. Betont werden die beiden Kopfhaken.

▌ *Abb. 43 a–d: Leberhaken mit rechtem Sidestep (Übung 43).*

blette gleich ein zweites Mal links zu schlagen (vgl. Abb. 43a). Hierzu müssen wir mit dem rechten Fuß einen etwa zwei Fußlängen ausmachenden Schritt schräg rechts nach vorne machen. Die mit dem Schritt verbundene Beugung des Körpers ergänzt sich mit dem Bemühen, durch das Abtauchen einem rechten Schlaghand-Konter schon ausgewichen zu sein (Abb. 43b). Das Gewicht verlagern wir auf den rechten Fuß und schlagen mit einem linken, seitlichen Haken gegen die Leber. Im Aufrichten ergänzen wir durch die Rückdrehung nach dem Körperhaken einen rechten Cross zum Kopf (Abb. 43c), um uns dann erneut mit einer Geraden der linken Führhand zu lösen (Abb. 43d). Hart schlagen wir entweder den Leberhaken oder den Cross, oder auch beide Schläge (auf Seite 42 wurde diese Kombination bereits erwähnt).

Kombination 7

Übung 44:

Abtauchen und Kontern

Für einen gleich großen, oder einen größeren Gegner studieren wir in die Schlagfolge eine Abtauchbewegung mit ein. Wir eröffnen mit einer Geraden der linken Führhand (vgl. Abb. 44a), der eine weitere Gerade zum Kopf mit der rechten Schlaghand folgt (Abb. 44b). Anschließend knicken wir mit dem linken Bein (Abb. 44c) ein wenig ein (auf ihm lastet auch das Gewicht) und vollführen eine kreisförmige Bewegung mit dem Oberkörper (Abb. 44d), bei der wir zunächst nach links ein wenig schräg nach vorne abtauchen, um am »Tiefpunkt« des Kreises nach rechts und daraufhin wieder nach oben zu kommen. Haben wir den »Tiefpunkt« hinter uns, verlagert sich das Gewicht wieder auf den rechten Fuß. Weiterhin drehen wir noch vor dem Wiederhochkommen die rechte Hüfte nach hinten und »laden« so für den gleich auszuführenden rechten Kopfhaken (Abb. 44e). Schon im Hochkommen schnellt

▌ *Abb. 44 a–f: Das Abtauchen und Kontern (Übung 44).*

die Schlaghand, durch die Kreisbewegung unterstützt, zum linken Kinnwinkel unseres Gegners vor.

War das prophylaktische Abtauchen einmal nicht nötig, da der eingeplante Konter ausblieb, wird seine Bewegung den Gegner verunsichern. Nach dem harten Haken ans Kinn, lösen wir uns wieder mit der linken Führhand (Abb. 44f) als Gerade (vgl. auch die Ausführungen über das Abrollen auf Seite 63).

Kombination 8

Übung 45:

Die »ansatzlose« Schlaghand

Schon mehrfach stellten wir die Wirksamkeit einer ansatzlosen rechten Geraden, geschlagen aus dem Diagonalgang mit linkem Step hervor. Mit diesem, bei jedem kleineren Gegner zu empfehlenden Schlag, beginnen wir die nächste Kombination. Das Gewicht verlagert sich auf den vorgenommenen linken Fuß, den Körper neigen wir leicht nach links vorne vor. Aus dieser Haltung ist erneut »geladen«, für einen kräftigen linken Aufwärtshaken zur Leber. Während der mit dem Haken verbundenen Aufrichtung des Körpers verlagert sich das Gewicht wieder auf beide Füße. Der harte Schlag folgt jetzt, als erneute rechte Gerade der Schlaghand, genau auf die Kinnspitze. Ausnahmsweise, wer hätte es gedacht, lösen wir uns mit der linken Führhand.

Zur Abwandlung dieser Kombination bietet sich auch an, den Leberhaken mit einem seitlichen, linken Kopfhaken zu ersetzen. Hierbei beugen wir uns natürlich nicht vor, sondern drehen mit der ansatzlosen Rechten die linke Schulter zurück, um für den Kopfhaken gespannt zu haben.

Diese Kombinationen sind ohne Veränderung für die in Rechtsauslage boxenden Linkshänder zu übernehmen.

Kombination 9

Der rechte Kopfhaken nach Führhand-Doublette

Viele linke Hände bestimmen diese Schlagserie, die erneut bei kleineren Gegnern erfolgversprechend ist. Nach der Eröffnung mit einer Geraden der linken Führhand schlagen wir ein weiteres Mal mit der linken Führhand, diesmal aber aufwärts zum Kopf. Während sich in der Doublette keine Schlagvorbereitung durch Vor- und Zurückdrehen der Schultern bietet – dafür ist der gleichhändige Aufwärtshaken überraschend – wurde aber der jetzt anschließende rechte Kopfhaken der Schlaghand, seitlich zum Kopf, bereits gespannt. Ihn akzentuieren wir daher und lösen uns auch in dieser Kombination mit einer Geraden der linken Führhand.

Kombination 10

Körperkonter mit Doublette

Endlich erwarten wir einmal wieder einen größeren Gegner, der uns den Gefallen tut, mit einer relativ langsamen linken Führhand zu eröffnen. Mit einer sehr schnell geschlagenen linken Führhandgeraden tauchen wir leicht nach vorne gebeugt mit einem Schritt »in den Gegner«, also in den Infight-Bereich hinein. Nun drehen wir, noch immer leicht in der Kniebeuge, die rechte Hüfte vor, und schlagen in der Verbindung zu der Drehung einen kräftigen rechten Haken der Schlaghand auf die »kurzen Rippen« unseres Gegenübers. Das Gewicht bleibt auf den linken Fuß verlagert, wenn wir uns nach dem Körperhaken sofort aufrichten, um als Doublette ein zweites Mal mit dem rechten Haken, diesmal an den Kopf, zu treffen. Die linke Gerade als Führhand zum Lösen folgt auch in dieser Kombination. Hart sollten die Haken der rechten Hand (wenigstens einer davon) ausgeführt werden.

Kombination 11

Aufwärtshaken-Doublette

Schon einmal erwähnten wir diese Schlagfolge, die Mike Tyson gegen Frank Bruno einsetzte (siehe Seite 43). Mit der Geraden der linken Führhand verlagern wir das Gewicht auf beide Füße. Nun folgt ein Aufwärtshaken der rechten Schlaghand, gerichtet zum Körper des Gegners. In der Hoffnung, dass diese Aktion die Deckung etwas nach unten zieht, folgt ein zweiter rechter Aufwärtshaken, diesmal aber zum Kinn des Kontrahenten. Diesen akzentuierten Schlag müssen wir mit sehr weit vorgedrehter rechter Hüfte ausführen, da wir nur so zwischen den Deckungsarmen hindurch, bis zum Kinn kommen. Wider jeder Erwartung lösen wir uns jetzt mit einem linken Cross zum Kinn, da durch die Körperbewegung bei dem Aufwärtshaken der Cross besser vorbereitet ist als eine Gerade.

Kombination 12

Fast nur links

Diese fast nur links geschlagene Kombination (siehe Abb. 45a–e) dient bei einem kleineren Gegner vor allem zur Verwirrung. Nach der eröffnenden linken Führhand (a), schlagen wir die linke Hand aufwärts zum Kinn (b) und dann ein drittes Mal als linken Haken seitlich zum Kopf (c). In der Ausführung dieses Hakens verlagern wir das Gewicht vom linken auf den rechten Fuß und »laden« zum folgenden Schlag. Dieser ist ein rechter Cross der Schlaghand zum Kopf in der Rückdrehung des vorhergehenden Schlages (d). Die-

▮ Abb. 45 a–e: Drei Führhände mit rechtem Cross (Übung 49).

sen Cross führen wir hart aus und lösen uns auch in dieser Kombination mit einer linken Geraden der Führhand (e).

Wie schon erwähnt, möchten wir nicht mit einer hohen Zahl angebotener Serien langweilen. Ohnehin ist zu empfehlen, lieber drei oder vier solcher Kombinationen einigermaßen perfekt zu beherrschen, als die doppelte oder dreifache Anzahl nur einigermaßen.

Der Hut des Pilzes

Die hier im Buch zusammengestellten Kombinationen, aber auch solche, die von den Trainern ergänzend angeboten werden, können nun konsequent – wie die zuvor beschriebenen drei Schläge aus Serie 2 – einstudiert werden: In Schlagübungen, am Spiegel, beim Schattenboxen, an den Geräten, an den Pratzen des Trainers und im Sparring. Nachzutragen bleibt noch ein spezieller Sandsack, dessen Aussehen mit einem Pilz vergleichbar ist. Er hat oben, wie dessen Hut, eine vorstehende Verdickung, die gut ein

Ziel für aufwärts geschlagene Kopfhaken bietet. Zur Zeit sind so geformte Sandsäcke noch etwas rar, aber generell müssten sie über entsprechende Sportartikel-Geschäfte zu bekommen sein. Die Trainingsmöglichkeit für diese Kopfhaken verbessert sich damit deutlich.

Die Benutzung der sonstigen Geräte wird wie im ersten Abschnitt durchgeführt, ebenso die bisher vorgeschlagene Gymnastik. Eine bedeutende Schlaghärtesteigerung können wir noch bei den seitlichen Körper- und Kopfhaken erzielen. Vielleicht hatten Sie schon einmal die Möglichkeit, mit einem Schleuderball zu werfen, oder Sie kennen diese Art von Ball-Schießen, bei der der Ball auf einer etwa 50 cm langen, vorne ganz leicht gekrümmten Schiene geschleudert wird. Der Ball fliegt mit einer außergewöhnlichen Schnelligkeit und Härte. Übertragen auf die Ausführung unserer Haken bedeutet dies, dass wir eine Geschwindigkeitserhöhung der Faust erzielen, wenn wir den Körper ganz leicht »vordrehen« und dann den Arm hinterher »schleudern«. Die Geschwindigkeit der Faust erhöht sich enorm gegenüber dem statischen, gleichzeitigen Drehen von Körper und Arm. Diese Technik muss aber sehr gut trainiert sein, damit die kurzzeitige Vordrehung des Körpers nicht den kurz darauf folgenden Haken verrät.

Schon wieder Konditionstraining

Auch für diesen Trainingsbereich gilt, dass alles zuvor Gelernte gültig bleibt, allerdings können wir ein paar Steigerungen einbauen.

Übung 50:

Am Sandsack

Wir begeben uns zu dritt an einen Sandsack, verwenden die Gerätehandschuhe und nutzen eine Stoppuhr. Ein Boxer schlägt mit allerhöchstem Tempo 20 Sekunden aus der Kopfdeckung Geraden an den Sack (bitte darauf achten, dass die Hände nach jedem Schlag zu ihrem Deckungsplatz zurückkehren und nicht auf einmal auf Brusthöhe hängen), während der Zweite das Trainingsgerät hält, damit es nicht pendelt. Der Dritte schaut auf die Uhr und gibt das Zeit-Kommando. Wir wechseln vom Durchschlagen zum Halten des Sackes und danach zum Zeit-Geben. Das Wechseln zwischen den Stationen muss sehr schnell erfolgen. So sollte jeder Faustkämpfer wenigstens 20-mal am Sandsack durchschlagen. Ein Teil der Schläge kann auch in seitlichen Haken und Aufwärtshaken durchgeführt werden.

Ebenso sollte das Werfen mit dem Medizinball gegen das Wandpolster gesteigert werden. Wenn Sie bedenken, dass beim Werfen kurz nach dem Loslassen eines Balles, eines Steines oder sonstigen Wurfgegenstandes, die maximale Beschleunigung mit der Hand erzielt wird, leuchtet die Wichtigkeit dieser Übung zur Erhöhung der Schlaghärte sicher ein. Stellen Sie sich die Aufgabe, eine bestimmte Anzahl von Würfen pro Runde zu erreichen, z. B. 40 pro Minute, je 10-mal, abwechselnd links und rechts. In kleinen Schritten sollte die Anzahl der Würfe dann nach und nach erhöht werden. Wählen Sie den Abstand zur Wand so, dass Sie zuverlässig den Ball auch wieder fangen können (am Anfang ca. 1 Meter), damit nicht ständig Zeit verloren geht, wenn Sie den herunter gefallenen Ball wieder aufheben müssen. Vielleicht klappt die Übung zwei Wochen später auch bei einem Abstand von 1,50 m. So steigert sich diese Übung, sowohl hinsichtlich ihres Einflusses auf die Kondition als auch auf die Schlagschnelligkeit und damit die Schlaghärte. Bei größerem Abstand müssen Sie noch explosiver werfen, damit der Ball bis zu Ihnen zurück springt.

Mit dem Wissen von der Notwendigkeit des »Vordrehens« sollten wir auch das »Schleudern« des Balles in der Hakenausführung mittrainieren. Die leicht vorgekrümmte Hand übernimmt die Funktion der gekrümmten Schiene. Als Kraft-Ausdauer-Übung dient folgendes Training:

Übung 51:

Schnellkraft-Training

Wir liegen auf dem Rücken und halten Hanteln in unseren Händen. Entgegen den von mir verwendeten 3- und 4-Kilogramm-Hanteln empfahl mir René Weller, maximal 1-kg-Gewichte vorzusehen. Nun stoßen wir, von der Kopfdeckung aus abwechselnd nach oben in 180 Sekunden wenigstens 250-mal – aber mit jeder Hand. Nach jeweils einer Minute Pause wiederholen wir die Übung noch drei-mal, damit 1000 Stöße mit jeder Hand ausgeführt wurden. Für ei-nen fortgeschrittenen Boxer sollten 300 Stöße in einer Runde möglich sein.

Auch beim Training mit der Langhantel ist kleinen Gewichten und vielen Wiederholungen der Vorzug zu geben. Je nach Gewichts-klasse des Boxers können Sie zwischen 40 und 60 Kilogramm auf-legen. Wählen Sie pro Satz zunächst 12 Wiederholungen, die Sie später steigern können (bis maximal 25). Die Zahl der Sätze soll-te mindestens 10, höchstens 20 betragen.

 Zusammengefasst

Schlagkombinationen (Serien) bieten die Chance, harte, kampfentscheidende Schläge zwischen anderen zu verste-cken und durch die Auswahl der Trefferpunkte vom wichtigsten Schlag in der Serie abzulenken, ja vielleicht sogar für ihn die Deckung frei zu machen. Die meist 3 bis maximal 5 Schläge werden so ausgewählt, dass die (Körper-) Drehung mit einem Schlag den darauf folgenden so vorbereitet, dass dieser mit Beendigung des vorangegangenen Schlages sofort »ab-schussbereit« ist.

Runde 3: Das Wettkampfboxen

Vor wenigen Momenten hat der Gong die zweite Runde beendet. Ein paar Treffer mussten wir nehmen, hatten aber mit den neu gelernten Kombinationen selbst auch wichtige Punkte sammeln können. Unser Trainer lobt uns in der Pause und rät zur ansatzlosen Rechten, um den Kampf in der nächsten Runde vorzeitig zu entscheiden. Ihm fiel auf, dass der Gegner nach seinen linken Führhänden nie die richtige Deckungshöhe wieder einnimmt.

In unserem Buch erfahren wir jetzt noch alles, was wir für unsere Wettkampfteilnahme wissen müssen.

Die Wettkampfbestimmungen

Für das Verhalten des Amateur-Boxers im Ring ist verbindlich, was der DBV (früher DABV, Deutscher Amateur-Box-Verband) in seinen »Wettkampfbestimmungen« (WB) niedergeschrieben hat. Diese Regeln sind über jeden Landesverband erhältlich und sollten der Aktualität wegen von Zeit zu Zeit von den Trainern angefordert werden, um als Sekundant und Boxer stets genau informiert zu sein. Wir werden hier nur die Bestimmungen erwähnen, die einen direkten Einfluss auf den zu Wettkämpfen bereiten Boxer haben.

Wer darf boxen?

Weibliche und männliche Kämpfer dürfen starten, wenn sie eine »Wettkampfbefähigung« nachweisen. Dazu müssen sie in einem, dem DBV angeschlossenen Boxverein eine »regelmäßige sechsmonatige Grundausbildung mit mindestens 50 Trainingseinheiten«

(§ 12.1a der WB) absolviert haben. Sie müssen im Besitz eines DBV-Startausweises sein, in dem alle Kämpfe samt Ergebnisse eingetragen werden. In dem Startausweis wird die notwendige »ärztliche Boxtauglichkeitsbescheinigung des laufenden Jahres« registriert.

Für Boxer ab dem 10. Lebensjahr gibt es bereits die Teilnahmemöglichkeit an Meisterschaften. Diese Altersklasse, »Jugend C« (auch »Schüler« genannt), umfasst die Kämpfer im Alter von 10 und 11 Jahren. Im Alter von 12 und 13 Jahren rücken die Athleten auf in die Klasse »Jugend B« (neuerdings nur noch »Jugend«). Die dritte Gruppe der Jugendlichen, »Jugend A« (neuerdings »Kadett«), umfasst das Alter von 14 und 15 Jahren. Danach beginnt die »Junioren«-Klasse, in der die Boxer mit 16 und 17 Jahren antreten. Ab 18 wird man Senior und darf bis zu dem Jahr, in dem man 37 wird, noch bis Jahresende boxen. Danach wird keine Starterlaubnis mehr erteilt. Generell gilt in den in § 15 der WB festgelegten Regelungen: In dem Jahr, in dem man durch den Geburtstag eigentlich die nächste Altersklasse erreicht, darf man immer bis zum Jahresende in der vorherigen Klasse weiterboxen.

Unabhängig davon gibt es noch zwei Leistungsklassen (§ 16 der WB): Mit weniger als 7 Siegen darf man an Turnieren und Meisterschaften, noch als Anfänger eingestuft, gegen Gegner antreten, die ebenso nur maximal 6 Siege in ihrem Startausweis registriert haben. Ab dem 7. Sieg gilt man als Fortgeschrittener und darf keine B-Turniere mehr bestreiten. Die dritte Einteilung erfolgt nach dem Kampfgewicht der Boxer und ist in § 23 beschrieben. Für die Boxer der Jugend B und C gibt es insgesamt 20 Gewichtsklassen, die sich durch 2 bis maximal 6 Kilogramm unterscheiden. In der Jugend A bleiben noch 13 Gewichtsklassen übrig, da sie sich hier durch 3 bis 6 kg unterscheiden. Noch einmal 2 Klassen weniger, nämlich nur 11 (seit dem 1. Januar 2003 ist hier das »Halbmittelgewicht« weggefallen), mit Unterschieden von 3 bis 10 kg, ergeben sich bei den Junioren und Senioren. Die größeren Gewichtsdifferenzen bestehen natürlich bei allen Altersgruppen zwischen den höheren Klassen, wie bei den Senioren, z. B. zwischen Schwer- und Superschwergewicht.

Bei den professionellen Boxern gibt es andere Gewichtsunterteilungen, die in sich wiederum, je nach Weltverband, variieren.

Wie trete ich zum Wettkampf an?

Neben der ausreichenden Boxfertigkeit (-fähigkeit), die selbstverständlich immer die Voraussetzung zur Teilnahme an einem Wettkampf bildet, sollte sich gerade der Anfänger mit den Wettkampf-Bestimmungen so weit auseinandergesetzt haben, dass ihm nicht eine vermeidbare Regelwidrigkeit unterläuft, die kurz vor dem Kampf vom Ringrichter reglementiert werden könnte, was die Konzentration des Boxers vermutlich erheblich stören würde. Der Ringrichter überwacht die in den WB festgelegten Bestimmungen. So sind in § 21 der WB bezüglich der Kleidung und der Schutzvorkehrungen ein paar Vorgaben gemacht, die eingehalten werden müssen. Der Boxer tritt mit »leichten Sportschuhen« (ohne abstehende Haken und Ösen), mit einer kurzen Sporthose und einem ärmellosen Trikot zum Wettkampf an. Hose und Trikot müssen sich optisch so weit unterscheiden, dass die »Gürtellinie« deutlich sichtbar wird. Der Kämpfer muss unter der Sporthose einen Tiefschutz tragen, einen Mundschutz und seit 1990 einen Kopfschutz mit entsprechender DBV-Zulassung (vgl. Seite 105). Die Hände werden mit Bandagen umwickelt, die höchstens 2,50 m lang und 5 cm breit sein dürfen. Die Kampfhandschuhe, häufig von dem veranstaltenden Verein oder vom Verband zur Verfügung gestellt, benötigen ebenfalls ein DBV-Prüfzeichen und wiegen 10 Unzen (1 Uz = 28,4 g). Frauen ist es erlaubt, einen Brustschutz zu tragen (§ 21, Anhang der WB). Für sie entfällt die Tiefschutzpflicht. Bei beiden Geschlechtern sind Ringe, Halsketten, Ohrschmuck, Gürtelschnallen und alles, was Verletzungen verursachen könnte, verboten.

Wie findet der Wettkampf statt?

Im § 26 der WB ist die Kampfdauer für Boxer festgelegt. So tragen die *Jugend-C*-Kämpfer ihren Fight dreimal 1 Minute aus, unterbrochen von jeweils 1 Minute Pause (die Pausenzeit ist bei allen Altersklassen gleich). Auf dreimal 2 Minuten erhöht sich die Kampfesdauer bei den Boxern der *Jugend B* und *Jugend A*.

Mehr Spielraum bietet sich bei den Kämpfen in der *Junioren-* und *Senioren-Klasse*. Üblich sind Kämpfe mit 4 Runden à 2 Minuten, allerdings dürfen nach Vereinbarung auch 3 bis 6 Runden mit jeweils 2 Minuten geboxt werden. Sogar die alte Kampfesdauer von dreimal 3 Minuten bleibt bei entsprechender Vereinbarung erlaubt.

Wenn sich der Boxer zum ersten Mal in einen Kampf begibt, sollte er alle Kommandos des Ringrichters kennen. Im Sparring kann der Trainer durchaus realitätsnah die notwendigen Kommandos mit seinem Schützling üben. Ärgerlich ist es nämlich, wenn ein Box-Anfänger seine Chancen in einem Kampf dadurch vermindert, dass er die Regeln nicht beherrscht, Äußerungen des Richters nicht versteht oder wenn ihn diese verunsichern, weil er sich von ihnen aus dem Rhythmus bringen lässt.

Der Kampf beginnt nach der Freigabe mit dem Kommando: »Ring frei – Runde 1«, gleichzeitig ertönt der erste Gong. Nach § 32.2 der WB werden so alle Runden, natürlich durchgezählt von »Runde 1« bis »Runde x«, begonnen. Nun kann der Ringrichter mit zwei verschiedenen Kommandos den Kampf unterbrechen. Ein Nichtbeachten dieser Anweisungen kann dem Boxer eine Ermahnung, wenn nicht sogar eine Verwarnung einhandeln. Nach dem Ruf »Stopp!« darf erst weitergeboxt werden, wenn vom Ringrichter das Kommando »Box!« folgt.

Anders sieht es aus bei dem Kommando »Break!«, das nach WB »zum erforderlichen Lösen einer Umklammerung« ausgesprochen wird (§ 30 der WB). § 37.1 der WB schreibt vor: »Auf das Kommando ›Break‹ des Ringrichters wird die Kampfhandlung unterbrochen. Beide Kämpfer haben einen Schritt zurück zu treten und dann den Kampf ohne ein weiteres Kommando wieder aufzunehmen.« Diese Regelung muss der Trainer mit seinen Schützlingen vor dem Kampf besprechen. Oft sieht man Box-Anfänger, die nicht wissen, wie sie sich verhalten dürfen, vielleicht sogar mit herabhängender Deckung. Der Boxer, der nach dem vorgeschriebenen Rückschritt erneut angreift und die Situation zu einem Treffer nutzt, handelt den WB nach völlig korrekt.

Eine weitere, häufig zu beobachtende Unsicherheit der Box-Debütanten ergibt sich nach einem von ihnen verursachten Niederschlag. Der Ring hat vier Ecken, eine rote, eine blaue und zwei neutrale, weiße. Sofort hat sich der Kämpfer in eine der neutralen

Ecken zu begeben, wenn er seinen Gegner »zu Boden« bringen konnte. Nur dann beginnt der Ringrichter zu zählen. Durch verwirrtes »Umherspringen« im Ring gönnt er seinem Kontrahenten meist die doppelte Erholungszeit. Vielleicht kann er gar die neutrale Ecke auswählen, aus der er gut seinen Trainer sehen kann.

Erzielt der Boxer dreimal in einer Runde oder viermal im gesamten Kampf einen Niederschlag, ohne dass sein Gegner »ausgezählt« wurde, so hat er den Kampf durch »RSC« (*Referee stops contest*) gewonnen (§ 38.5 der WB). Bei den Frauen reduziert sich die Bestimmung auf 2 Niederschläge in einer Runde und 3 im Kampf. Ergibt sich die Notwendigkeit, dass der Boxer selbst den Kampf unterbrechen muss, etwa weil sich sein Kopfschutz gelockert hat oder sein Schuh nachzubinden ist, »so geht er auf ein Knie nieder und meldet durch Heben eines Armes den Vorfall« (§ 37.7 der WB).

Wie kann der Wettkampf enden?

Es gibt eine Vielzahl von Möglichkeiten, wie ein Boxkampf ausgehen kann. Sie sind in § 34 der Wettkampf-Bestimmungen aufgelistet. Die spektakulärste Art zu siegen, ist nach wie vor der **K.O.-Schlag** (**knock-out**), bei dem wir den Gegner so getroffen haben, dass er mindestens 10 Sekunden kampfunfähig bleibt.

Der Kampf kann bei einer deutlichen Unterlegenheit auch durch **Aufgabe** enden. Aufgeben kann sowohl der Boxer selbst, als auch dessen Sekundant (er »wirft das Handtuch«).

RSC (*Referee stops contest*) – bei den Profis »TKO« (Technisches K.O.) – heißt das Kampfende, wenn der Ringrichter abbricht. Dies würde ausgesprochen, wenn eine deutliche Verteidigungsunfähigkeit oder eine gravierende sportliche Unterlegenheit erkennbar ist. Auch hier muss ein Boxneuling aufpassen, weil eine eventuelle Inaktivität leicht auch als Verteidigungsunfähigkeit fehlinterpretiert werden kann. Mancher Boxer schon konnte nicht verstehen, warum er seinen Kampf durch RSC verlor, ohne dass er hart getroffen worden war. Einsehbar dagegen bleibt die Entscheidung »RSC-Verletzung«, die der Ringrichter bei Cuts und anderen Blessuren bei den Amateuren schneller ausspricht, als dies bei den Profis der Fall ist. Gewinnen kann der Verletzte trotzdem noch, wenn der Abbruch in der letzten Runde erfolgt, da die bis dahin gewerteten Punkte zum Ergebnis führen.

Ein wenig kompliziert ist die Berechnung zur **Entscheidung nach Punkten**. Gezählt werden Hilfspunkte und Wertungspunkte. Jeder Treffer ergibt einen Hilfspunkt (HP), ebenso aber auch eine »saubere und erfolgreiche Verteidigungshandlung mit Gegenstoß«. Erfolgt gar ein Gegentreffer, kommen zwei Hilfspunkte auf das Konto. Durch die schwere Beobachtbarkeit der Treffer im Nahkampf werden hier entsprechend dem Gesamteindruck ein oder zwei Hilfspunkte vergeben. Am Ende jeder Runde können auch »Technik«, »Verteidigung«, »sauberes Boxen«, »genaues Treffen« und »bessere Taktik« zu einem oder zwei Hilfspunkten bei der Beurteilung des Gesamteindruckes führen. Verwarnungen verschaffen dem Gegner des Verwarnten weitere drei Hilfspunkte.

Am Ende jeder Runde wird die Differenz der Hilfspunkte beider Boxer gebildet. Drei Hilfspunkte aus diesem Ergebnis ergeben jetzt einen Wertungspunkt. Bleiben zwei übrig, werden sie zu einem Wertungspunkt aufgerundet, ein übriger Hilfspunkt wird zu »Null« abgerundet. Die so berechneten Wertungspunkte werden pro Runde dem schlechteren Boxer von dessen »Polster« mit 20 zugeteilten Wertungspunkten abgezogen. »Der Sieg wird dem Kämpfer zugesprochen, der am Schluss des Kampfes die höhere Zahl an Wertungspunkten hat.«

Zwischenzeitlich werden auch Punktecomputer verwendet, für die gilt, »dass nur solche Treffer für das Endergebnis verzeichnet werden, die von der Mehrheit der Punktrichter gleichzeitig eingegeben werden« (§35.5b der WB). Dies muss für die vom Trainer vorgeschlagene Taktik zur Folge haben, dass er dann seinen Schützling anweist, nach Möglichkeit den Kopf zu treffen, da diese Treffer meist auch von drei Seiten, und damit der Mehrheit der Punktrichter erkennbar sind. Boxer mit guten Körpertreffern sind bei dieser Wertung manchmal im Nachteil. Autor Herfert liegt ein solches Wertungsprotokoll vor, in dem Boxer A bei den Einzelwertungen der Punktrichter deutlich vorne liegt, aber Boxer B trotzdem gewann, da seine geringere Anzahl von Treffern häufiger gleichzeitig gesehen und auch eingegeben wurde.

Führt das Berechnen der Punkte zu dem gleichen Ergebnis für beide Boxer, wird ein »Unentschieden« verkündet.

Eine weitere Möglichkeit des Kampfausganges ist die **Disqualifikation** eines Boxers. Wie in § 39 der WB beschrieben, führen »verbotene Handlungen und unsportliches Benehmen« zunächst zu Ermahnungen, bei Wiederholung oder stärkerer Beeinträchtigung des Gegners auch gleich zu Verwarnungen und bei der dritten Verwarnung zur Disqualifikation. Sie kann bei schweren Verfehlungen auch ohne eine vorherige Verwarnung direkt ausgesprochen werden, wenn etwa ein verbotener Schlag zur Kampfunfähigkeit des Gegners führt. Folgend stellen wir die wichtigsten Handlungen zusammen, die verboten sind:

❙ Schläge unterhalb der Gürtellinie
❙ Umklammern
❙ Beinstellen
❙ Treten und Stoßen mit Knie oder Fuß
❙ Stoßen mit Kopf oder Schulter, Unterarm oder Ellenbogen
❙ Drücken
❙ Schlagen mit der Handschuhinnenseite (»Innenhand«) und der Rückhand
❙ Schläge auf den Rücken (Nieren), den Hinterkopf und das Genick
❙ Zurechtstellen des Gegners
❙ Festhalten am Seil zum Angriff
❙ Ringen
❙ Schleudern
❙ Aufstützen
❙ Angreifen des zu Boden gegangenen Gegners
❙ Festhalten oder Einklemmen des gegnerischen Kopfes oder Armes
❙ Sprechen
❙ Schläge nach »Break!« oder »Stopp!«
❙ Vortäuschung von Kampfunfähigkeit
❙ Ausspucken des Mundschutzes.

Die Trainer sollten den § 39 der Wettkampf-Bestimmungen komplett ihren Boxern in kopierter Form aushändigen, um einer eventuellen Unkenntnis der Verbote vorzubeugen. Die Entscheidung

Sieg durch Nichtantreten (§ 34.h der WB), die nicht im Start-ausweis vermerkt wird, spielt nur bei bereits vorgesehenen Kampf-paarungen, wie bei den Meisterschaften oder den Liga-Kämpfen eine Rolle.

Der **Abbruch ohne Entscheidung** könnte verkündet werden, wenn z. B. am Boxring während des Kampfes etwas kaputt geht oder anderweitig der Kampf »nicht mehr den Regeln entsprechend weitergeführt werden kann« (§ 34.i der WB).

Zum Abschluss der kurzen Zusammenfassung von Regeln aus den Wettkampf-Bestimmungen möchten wir noch § 40.16 zitieren, um zu verhindern, dass es Ihnen wie Autor Herfert ergeht, als er bei seinem ersten Württembergischen Final-Kampf vom Haus-meister der Sporthalle (»Glaspalast« in Sindelfingen) einen Ra-sierapparat ausleihen musste: »Kinn- und Vollbärte sind nicht ge-stattet.«

Keine Macht dem Doping!

Umfangreich wird in den WB noch über das Verbot von Doping-Prä-paraten geschrieben. Hierzu sollte es eigentlich gar nicht der »ge-setzlichen« Regelungen bedürfen. Gegenüber jeder Form einer künstlichen Mobilisierung der auf Seite 19 unten schon er-wähnten, lebenswichtigen »Notreserven« – wie man Doping über-setzen könnte – muss der Boxer doch von sich aus schon absti-nent sein wollen, weshalb alle diese Mittel mit Recht verboten sind. Wird das Training ernst genommen, wird fleißig und ziel-strebig trainiert und ein Lebenswandel geführt, der den Athleten nicht schwächt, ist jede Form von Doping ohnehin ein überflüssi-ger Quatsch. Mit der Einnahme solcher Präparate beginnt bereits die Unfairness, auch gegenüber dem Gegner, schon lange vor dem ersten Ertönen des Gongs.

Was Sie vielleicht auch noch wissen möchten

Boxen – oder besser nicht?

Niemand kann »ein bisschen schwanger sein« – sicher kennen Sie diese Kritik an den Unentschlossenen, die vielleicht ein bisschen wollen, aber vielleicht auch nicht, oder doch… Entweder ist man schwanger oder nicht! Beabsichtigen Sie nur »ein bisschen zu boxen«, sollten Sie bitte nie auf die Idee kommen, Boxen als Wettkampfsport zu betreiben. Es gibt viele andere, sicher gute Sportarten, die nicht gleichermaßen zur Entscheidung zwingen. Wenn Sie im Schwimmbad von einem 10-Meter-Brett gesprungen sind, können Sie Ihren Sprung nicht auf halber Höhe rückgängig machen. Falls Sie den Ring zum Austragen eines Wettkampfes betreten haben, sollten Sie ebenso nicht nach der ersten Runde »keine Lust mehr haben«.

»Ein bisschen boxen« geht nicht! Nachdem Sie sich bereit gefunden haben zu kämpfen, kann man schimpfen, falls Ihre Kondition nicht ausreicht, man kann meckern, falls Ihre Technik miserabel ist, man könnte Ihnen vorwerfen, Ihre Taktik tauge nichts, man könnte klagen, dass Ihnen die Kraft fehle – alles wäre erklärbar und entschuldbar, aber wenn Sie nicht kämpfen, wird jeder mit Recht so enttäuscht sein, dass eine Nachsicht unmöglich wird. Niemand zwingt Sie zu einem Boxkampf, wollen Sie aber starten, dann bitte mit absoluter Entschlossenheit und der Bereitschaft, bis an Ihre Grenzen zu gehen.

Überzeugend zeigte Dariusz Michalczewski am 14. September 2002 in der wiederholten Titelverteidigung gegen Richard Hall ein wahres »Kämpferherz«. Gezeichnet von drei Cuts und einem zugeschwollenen linken Auge siegte er trotzdem in der 10. Runde durch TKO.

Stünden die Forderungen aus diesem Abschnitt hier im Buch gleich zweimal hintereinander, entspräche dies den Prioritäten, die beide Autoren setzen – wir, René Weller und Max Herfert, sprechen dabei aus einem Munde.

Die Angst des Tormanns beim Elfmeter[5]

Nun können wir, nach Ihrem Entschluss, am nächsten Samstag bei einem B-Turnier (vgl. Seite 142) Ihr Box-Debüt zu geben, davon ausgehen, dass Sie aus freien Stücken mit dem geforderten Engagement starten wollen. Sie haben ausreichend trainiert, zeigen auch ein Talent und kennen bereits die »Regeln«, um nicht, was die Formalitäten der Kampfesdurchführung betrifft, verunsichert werden zu können. Sie werden jetzt mit einem Gefühl konfrontiert, das Ihnen noch gut aus der Schule bekannt ist, als Sie damals eine wichtige Prüfung absolvieren mussten. Mulmig ist es Ihnen, gelegentlich spüren Sie Ihr Herz etwas heftiger schlagen, eine gewisse Unruhe beeinflusst Ihre Konzentration. Zu gerne würden Sie wissen, wie fit Ihr Gegner ist, »was er alles drauf hat«. Sie versuchen, Ihre Unruhe zu verbergen, aber Sie selbst stören sich am meisten an ihr, erinnert durch ein paar Tropfen kalten Schweißes, die von den Achseln kommend zur Hüfte rinnen.

Ihnen hilft jetzt nur die Bereitschaft, die Angst zu akzeptieren, sie zuzulassen. Natürlich haben Sie Angst, wie jeder andere auch. Das ist ja nicht schlimm. Schließlich wissen Sie nicht, was auf Sie zukommt. Sie müssen sich Ihrer Angst nicht schämen, bekennen Sie sich dazu und versuchen Sie, darüber zu schmunzeln. Es ist keine Angst vor Schmerzen oder dem Gegner – sonst würden Sie nicht zu einem Wettkampf in den Ring steigen. Nein, es ist einfach die Angst vor dem Ungewissen und zur Hauptsache vor dem Risiko, der Verlierer zu sein. Vielleicht schauen auch viele Freunde und Bekannte zu. Man will weder sie noch sich selbst enttäuschen, aber man weiß ja noch nicht, wie es ausgeht – das macht Angst. Vielleicht spüren Sie aber auch die wieder einkehrende Ruhe, wenn Sie Ihre Gefühle zulassen, statt sie zu bekämpfen. Es mag Sie zusätzlich beruhigen, wenn Sie wissen, dass es Ihrem Gegner nicht besser geht. Spätestens nach dem ersten Gong sind Sie wieder frei, dann gibt es Wichtigeres, als solche Gedanken.

Nach einer gewissen Anzahl von Kämpfen werden Sie in der gleichen Situation ruhiger, weil Sie bemerkten, dass sich die Wettkämpfe im Wesentlichen doch nur wenig unterscheiden und Sie nun wissen, was auf Sie zukommt.

Unser täglich Brot

Vielen Boxanfängern brennt es auf den Lippen zu fragen, mit welcher Nahrung sie sich vor einem Wettkampf die größten Chancen verschaffen. Sehen Sie, hier können wir nur wiederholen, was wir bereits bei der Ablehnung und Verurteilung von Doping-Präparaten äußerten. Trainieren Sie fleißig, auch regelmäßig, und nicht erst drei Wochen vor einem Kampf, so können Sie über solche Fragen nur lachen. Der nötige Trainingserfolg, der sich nur durch ein längeres, intensives Training ergibt, lässt sich nicht durch legale oder gar illegale Substanzen herbeiführen. Mit dem Wissen, dass unsere Muskeln Kohlenhydrate verbrennen, um Leistungen zu erbringen, liegt es nahe, vor dem Wettkampf kohlenhydratreiche Kost (z. B. Nudeln) zu essen. Nur mengenmäßig übertreiben sollte man dabei nicht! Eiweiße und Fette belasten uns nur vor einem unmittelbar anstehenden Einsatz und bringen kurzfristig nichts.

Generell, also auch während dem Training, ist es vermutlich hilfreich, dem Körper ausreichend Mineralstoffe anzubieten, da wir beim intensiven Schwitzen ein wenig davon verlieren. Wir sind keine Glaubensstifter und wollen Sie zu nichts bekehren, aber fallen Sie nicht auf jede Werbung von zwischenzeitlich stark am Markt vertretenen Sportdrink-Herstellern herein. Ein altes, mineralstoffreiches, aber auch mit einigen Aminosäuren ausgestattetes Lebensmittel (Aminosäuren sind die Bausteine für die Eiweiße), ist fermentiertes Getreide. Es wird flüssig und gemahlen in Pulverform angeboten, ist frei von künstlichen Substanzen und wäre jedem Sportler zu empfehlen (»Kanne« Brottrunk und Fermentgetreide). Ansonsten reicht auch ein gutes Mineralwasser, mit Apfelsaft gemischt. Eiweiße werden wir ebenfalls aus der »normalen« Nahrung genügend aufnehmen können.

Wenn Sie den Wunsch haben, »aufzubauen« (wie die Bodybuilder sagen), reicht sicher gelegentlich ein zusätzliches Stück Fleisch, aber ebenso eiweißreiche Produkte, wie Linsen, manche Sorten Nüsse, regelmäßig Milch und viel Getreide – dabei aber nicht das relativ wertlose »Weißmehl« verwenden (Autor Herfert ekelt sich seit seiner frühesten Kindheit vor Nahrung aus Fleisch und ist daher fast schon immer Vegetarier). Absolut überflüssig sind für Boxer alle speziellen künstlichen Eiweiß-Präparate. Essen

Sie auch genügend frisches Obst, damit Sie ausreichend mit Vitaminen versorgt sind.

Abzuraten ist von einem kurzfristigen Gewichtmachen (»Abkochen«). Sie sollten nach Möglichkeit drei Monate vor einem Wettkampf-Termin das Gewicht haben, mit dem Sie starten wollen. Größere Gewichtsveränderungen sind letztlich ein folgenschwerer Eingriff in das Gefüge Ihres Organismus, mit dessen Auswirkungen der Körper erst wieder fertig werden muss, vor allem, wenn wir uns dazu auch noch eine größere Leistung abverlangen.

Fast wie Vater und Sohn

Das Verhältnis zwischen Trainer und Boxer ist ein besonderes. Es ist von verschiedenen Inhalten geprägt, von denen einer besonders hervorsticht: das Vertrauen. Der Boxer muss sich absolut auf die Einschätzungen seines Trainers verlassen können. Das setzt natürlich auch dessen große Sachkenntnis voraus. In keinem anderen Sport dürfte die persönliche Erfahrung des Trainers aus seinen eigenen Kämpfen so entscheidend für die Betreuung seiner Schützlinge sein wie beim Boxen. Den Trainern in Amateur-Vereinen erschwert oft die große Zahl ihrer Schützlinge die Arbeit. Wie durchgehend in diesem Buch gefordert, erwarten wir, dass die Faustkämpfer jeweils individuell betrachtet und bewertet werden. Nur so können wir ihre spezielle Konstitution zu ihrem Vorteil nutzen. Um es sich lediglich einfach zu machen, darf man als Trainer den Boxern nicht durchgehend das Gleiche erzählen und raten. Die Zahl der Schützlinge sollte diese wichtige Notwendigkeit nicht stören. Der Trainer muss individuell die Stärken und Schwächen seines Boxers kennen und immer ein solches Konzept wählen, bei dem die vorhandenen Stärken des Boxers genutzt und die aus seinen Schwächen resultierenden Nachteile vermieden werden. Denken Sie an den Abschnitt, in dem es um den Gebrauch des richtigen Werkzeuges ging. Der Trainer sollte über die Erfahrung verfügen, den Gegner seines Boxers schnell einschätzen zu können, um dann seinem Mann gleich das »richtige Werkzeug« empfehlen zu können. Der Trainer überwacht in seiner Funktion als Sekundant während des ganzen Kampfes die Verwendung dieses Werkzeuges und muss sofort erkennen, wenn sein Schützling »vom Schraubenzieher zur Zange« wechseln muss. Seine Ratschläge sind auch geprägt von der Kenntnis der konditionellen Fähigkeiten seines Boxers. Die Strategie darf solche Kenntnisse nicht unberücksichtigt lassen.

Andererseits muss der Boxer auch das nötige Vertrauen aufbringen und, wenn erforderlich, seinem Trainer »blind« vertrauen. In den Rundenpausen des Kampfes »jammert« der Trainer hoffentlich nicht über eventuelle Fehler, was den Boxer dazu verleiten könnte, seine Pause zum Trösten des Sekundanten zu verwenden. In der kurzen Zeit von einer Minute kann niemand Boxen lernen. Der Kämpfer braucht stattdessen aufbauenden Trost, und ganz nebenbei versteht es sein Sekundant hoffentlich, seine Kritik zwischen Worten des Lobes zu verstecken. Wichtig ist die Aufforderung zur Steigerung genau der Aktionen, die sich in der vorangegangenen Runde als erfolgversprechend zeigten.

Nach den Kämpfen, auch nach dem Sparring, sollte miteinander besprochen werden, was gut klappte, ebenso, was noch zu verbessern wäre. Auch dies sagten wir schon: Die Voraussetzung für jede Fehlerkorrektur ist die Fähigkeit, Fehler zu erkennen. Genau zu dieser Erkenntnis verhilft der Trainer durch seine Beobachtungen. Das Erwähnen der gelungenen Aktionen ist genauso wichtig, da oft manches durch Zufall klappt, ohne dass ein Boxer sich dessen bewusst ist. Aber nur wenn er sich ihrer bewusst ist, kann er sie künftig gezielt zu seinem Vorteil einsetzen. Eine Niederlage kann durch die anschließende Besprechung die Voraussetzung bilden, mehrere folgende Kämpfe siegreich zu gestalten.

Vor einem Kampf kommt dem Trainer die wichtige Aufgabe zu, seinen Schützling auch mental auf die anschließende Wettkampf-Situation vorzubereiten. Vor wenigen Minuten konnten Sie unsere Vorschläge zum »Anfreunden« mit der Angst lesen. Auch hier ist entsprechendes Einfühlvermögen gefordert, um den Boxer genau in dieser Situation zu stärken.

Erlauben Sie uns am Schluss noch die Erwähnung einer kleinen Episode, die ein Beispiel für den Umgang mit einem Problem aus der Trainingsgestaltung sein kann. Zunächst eine Beschreibung der Begebenheit: In dem bereits erwähnten, nicht kommerziell genutzten, vereinsungebundenen Trainingsraum leite ich (Autor

Herfert) überwiegend das Training. Von einem freundlichen, dem Boxsport zugetanen Getränkehändler erhalte ich kostenlos für unsere Boxer Saft und Wasser. Häufig ärgerte ich mich, wenn die Pausenzeit nach einer Übung zu Ende war, der eine oder andere aber gerade noch beim Verschließen seiner Flasche war, oder diese gar noch am Mund hatte. Wenig Verständnis hatte ich auch für das Trinken, schon in der Zeit der ersten Runden. Nach mehreren Trainingseinheiten bat ich die Trainingsteilnehmer zu einer Gesprächsrunde. Überwiegend betraf das Problem die Jüngeren aus der Gruppe, aber jede direkte persönliche Zurechtweisung in einer Gruppe halte ich für falsch. Deswegen sprach ich mein Anliegen anonym gegenüber allen an. Ich fragte in die Runde, ob jemand eine Idee hätte, welches Wort ich gerade im Kopf habe, das eine zentrale Bedeutung für das anzusprechende Thema habe. Ahnungslos konnte natürlich niemand eine Antwort geben. Ich bot als Information zur Beantwortung den Anfangsbuchstaben »D« und »3« als Anzahl der Silben an. Neugierig überlegten alle mit, aber noch fehlte mein Wort. Der letzte Buchstabe »N« half nicht weiter, die Neugierde wuchs und der zweite Buchstabe »I« verriet es dann doch: »Disziplin« sprudelte einer hervor. Mit Lob bestätigte ich die richtige Lösung. Aber die Fragerei ging weiter, weil ich noch wissen wollte, warum mir wohl gerade dieses Wort so wichtig war. In den Gesichtern konnte ich das richtige Erahnen ablesen. Als ich noch erwähnte, dass ich in unserem Training mit einem kleinen Sachverhalt nicht ganz glücklich sei, erhellten sich dann die Mienen und jeder wusste, in welchem Zusammenhang ich das Thema »Disziplin« ansprechen wollte. Es ist naheliegend, dass ich dann die Frage nach der Definition von »Disziplin« stellte. Alle unterstützten die Beschreibung und wir einigten uns darauf, dass Disziplin mit der Fähigkeit zu tun hat, während des Bemühens, ein Ziel zu erreichen, sich von nichts stören zu lassen. Dass man sich auf diesem Wege von keinen oberflächlichen Wünschen, Gelüsten oder sonstigen Regungen ablenken lässt. Wir wollen zielstrebig und erfolgreich unsere Arbeit verrichten, unser Ziel erreichen, nichts kann uns abhalten, auch wir selbst nicht. »Disziplin bedeutet Selbstbeherrschung«, ergänzte einer aus der Runde richtig.

Die Disziplin hilft uns, solche oberflächlichen Wünsche, wie unseren Durst, so weit zurückzustellen, bis die Erfüllung nicht mehr stört. Wenn wir in den Ring steigen und kämpfen wollen, haben wir außer dem physisch anwesenden Gegner noch einen zweiten zu besiegen, den der in uns steckt. Wenn wir gegen diesen nicht gewinnen, bleiben wir chancenlos gegen unseren sichtbaren Kontrahenten. Unseren inneren »Schweinehund« können wir nicht mit einem Leberhaken auf den Hintern setzen, ihn können wir nur mit Disziplin packen. Auch ein disziplinierter Umgang mit einer so banalen Sache, wie das Trinken während des Trainings, kann uns also mental stärken. – Alle verstanden jetzt, warum ich unzufrieden mit der »Nuckelei« und der damit verbundenen Nachlässigkeit mit den Pausenenden war. Trinken, ja – aber wenn die Runde anfängt, hat jeder auf seinem Platz zu sein und muss sofort starten können. Sie ahnen, wie darauf folgend mit den Flaschen umgegangen wurde.

Ich war glücklich, meinen Schützlingen wieder etwas vermittelt zu haben – und wir, René Weller und ich, wären beide glücklich, wenn wir Ihnen mit diesem Buch unseren wunderbaren Sport nahe bringen konnten.

 Zusammengefasst

Die Wettkampf-Bestimmungen sollte der Boxer von Anfang an gut kennen, um vermeidbaren Reglementierungen während des Kampfes durch den Ringrichter aus dem Weg zu gehen. Er muss über alle notwendigen Wettkampf-Utensilien verfügen, nichts Unerlaubtes an sich haben und unbedingt die Kommandos des Ringrichters zuverlässig kennen und befolgen wollen. Der Boxer sollte wissen, dass sein Trainingsfleiß durch nichts zu ersetzen ist und eine gewisse Portion Angst aus Unkenntnis über den Kampfverlauf durchaus normal ist. Seine Vertrauensperson muss der Trainer sein, auf den er sich auch im Wettkampf voll verlassen können muss.

Anhang

Literaturverzeichnis

Bücher

▌ Anders, Felden, Kirsch: *Boxen und Gesundheit*. Köln, 1977
▌ Barisch, Edwin: *Unser Box-Lehrbuch*. Berlin, 1951
▌ Böhm, Sänger, Feldhus, Hess (Hrsg.): *Grund- und Kampfschule für Amateur- und Schulboxen*. Frankfurt/M. 1952
▌ Ebel, Kai (Hrsg.): *Boxen live*. Stuttgart 1996
▌ Fiedler, Horst: *Boxsport*. Berlin, 1976 und 1983
▌ Fiedler, Horst: *Boxen für Einsteiger*. Berlin, 1994
▌ Fleischer, Nat: *Boxing*. New York, 1981
▌ Gradopolow, K.W.: *Handbuch des Boxens*. Berlin, 1954
▌ Hieber, Bernhard: *Amateurboxen in der Bundesrepublik Deutschland*. dabv-Schriftenreihe. Augsburg, 1989
▌ Köhler, Wolfgang: *Intelligenzprüfungen an Menschenaffen*. Berlin, 1973
▌ Kürzel, Frank: *Fitness Boxen*. Niederhausen/Ts., 1997
▌ Meinhardt, Birk: *Boxen in Deutschland*. Hamburg, 1996
▌ Meisl, Willy: *Boxen*. Berlin, 1925
▌ Mullan, Harry (Hrsg.): *The Great Book Of Boxing, Crescent Books*. New York, 1990
▌ Ogurenko, E.I.: *Der Nahkampf im Boxen* Berlin, 1977
▌ Perelman: *Erziehung der Boxanfänger*. Berlin, 1952
▌ Reithmayer, Ludwig: *Boxen, aber richtig*. Minden, o.J.
▌ Schmeling, Max: *-8-9-aus!*. München, 1956
▌ Sonnenberg, Herbert (Hrsg.): *Boxen ... Fechten mit der Faust*. Berlin,1984
▌ Stein, Konrad: *Der sportliche Faustkampf*. Berlin, Frankfurt a. M., 1949
▌ Sugar, Bert Randolph & Editors of Ring Magazine, Gallery Books, New York, 1984
▌ Weinmann, Wolfgang & Mitarbeiter: *Kampfsportlexikon*. Berlin 1991

Zeitschriften

▌ *Boxen-Olympia-Heft*. Braun & Co, Berlin 1936
▌ *Wettkampfbestimmungen des DABV. 1999 und 2001*
▌ *Boxchampions, Teil 1*. Marshall Cavendish International, Hamburg
▌ *Boxen and more*. Dino-Verlag, Leinfelden-Echterdingen
▌ *Boxing News*. London, 1995
▌ *Boxing 97*, Stanley Weston, London Publishing, Ft.Washington, 1997
▌ *Box Sport*. Deutscher Sportverlag, Köln
▌ *KO*. Ausgabe 9/1990. Stanley Weston, New York 1990
▌ *Pforzheimer Zeitung*, 20. November 1993

- *Sportbild*, Sonderheft »Boxen 95«. Axel Springer Verlag, Ahrensburg
- *Sports*. Gruner & Jahr, Hamburg, November 1991
- *Sports Illustrated*. New York, 1992
- *The Ring*. London Publishing Co., Marion OH, 1998
- *The Source*. New York, September 1995

Anmerkungen

1 James Ortega hatte sowohl den Weltmeister der WBA als auch den der WBC geschlagen.

2 In verschiedenen Büchern wird – für uns unverständlich – der Geraden der männliche Artikel *der* vorangestellt (»der« Gerade). Da wir keine grammatikalische Erklärung fanden, schreiben wir im Folgenden *die* Gerade.

3 Diese Definition ist deutlich einfacher zu verstehen und auch zu finden bei: K.W. Gradopolow, *Handbuch des Boxens*, 1954, Seite 92.

4 »Die Kampfbewegungen wiederum ergeben sich aus den Stellungen, mit denen die vorhergehenden Bewegungen endeten. So nimmt ein Boxer beim Angriff mit einer Schlagserie am Ende eines jeden Schlages eine Ausgangsstellung ein, aus der er die nächsten Schläge leicht und gut anbringen kann.« Aus: Gradopolow, *Handbuch des Boxens*, Berlin, 1954.

5 Diese Überschrift wurde »geklaut« aus Peter Handkes gleichnamiger Erzählung aus dem Jahre 1970.

Sachregister

Personenregister